Le manager idéal n'existe pas !

Ce que manager veut dire

Éditions d'Organisation
1, rue Thénard
75240 Paris Cedex 05

Consultez notre site :
www.editions-organisation.com

Chez le même éditeur :

Frédéric CREPIN, *Manager pour la première fois,* 2004.
Vincent GUIBERT, *Comment manager,* 2004.
Pierre MORIN, Éric DELAVALLÉE, *Le manager à l'écoute du sociologue,* 2000.

© Éditions d'Organisation, 2005.

ISBN : 2-7081-3241-5

Éric Delavallée

Le manager idéal
n'existe pas !

Ce que manager veut dire

Préface de Pierre Morin

**Éditions
d'Organisation**

À Céline

Idéalisation : *processus psychique par lequel les qualités et la valeur d'un objet sont portées à la perfection. L'identification à l'objet idéalisé contribue à la formation et à l'enrichissement des instances dites « idéales » de la personne.*

J. LAPLANCHE, J.-B. PONTALIS,
Vocabulaire de la psychanalyse, éd. PUF, 2002.

Sommaire

Partie 3
Et demain, changement de programme ? 151

Manager est un art d'exécution

Ce livre a pour but de repérer, au-delà des modes et des discours du moment, ce qu'il est bon d'avoir en tête lorsqu'on assume un rôle de manager. Que ce soit dans une entreprise privée, publique ou dans tout organisme ayant mission à remplir les objectifs à atteindre. Quel est donc le cœur du savoir et du savoir-faire auquel les managers ont à faire appel ? Faut-il démarquer à ce sujet l'aphorisme souvent cité d'Édouard Herriot, personnage emblématique de la IIIe République et académicien : *« La culture, c'est ce qui demeure dans un homme lorsqu'il a tout oublié »* ? D'une certaine façon, c'est ce que tente cet ouvrage : saisir la culture managériale indispensable considérée comme ce qui demeure une fois plus ou moins oublié le management livresque. On pourrait aussi évoquer Molière lorsqu'il fait dire à Monsieur Jourdain : *« Par ma foi ! Il y a plus de quarante ans que je dis de la prose sans que j'en susse rien et je vous suis le plus obligé du monde de m'avoir appris cela.* » En effet, combien de managers n'ont-ils pas découvert au cours de séminaires de management qu'ils faisaient du management conforme aux coutumes « sans qu'ils en sussent rien ». Tout enseignant de management a entendu un jour un participant lui confier en fin de stage : « Vous ne m'avez rien appris, mais maintenant j'y vois plus clair, je comprends mieux ce que je fais, j'ai mis de l'ordre dans mon expérience. » C'est ce savoir intuitif essentiel, pratiqué par des managers efficaces, élaboré à travers leur expérience du management, qu'Éric Delavallée tente de mettre au clair.

Il ne s'agit pas ici de minimiser ou de nier la nécessité des enseignements du management. Mais le succès de ceux-ci et l'abondance des livres sur le sujet (les uns et les autres ayant trop souvent tendance à s'enliser dans la sophistication) ont eu pour effet de faire oublier qu'en management, c'est le manager qui a le plus d'importance. Éric Delavallée nous le rappelle très justement dans cet ouvrage. Ce qu'enseignent les livres et les professeurs de management, les techniques et les méthodes de prévision, de planification, de budgétisation, de contrôle, de benchmarking, les différentes structures, …, n'ont de valeur que si elles sont adaptées et appliquées par des managers à des situations concrètes, infinies et tant de fois imprévisibles. Sans le réseau arborescent dirigeants-managers pour innerver l'ensemble, pas de management : au mieux une gestion bureaucratique par les procédures et les règlements. Faire suivre des cours de management à de nombreux cadres et responsables d'une entreprise n'accroîtra en rien la qualité du management de cette entreprise, tant que ceux-ci ne mettent pas en œuvre les enseignements dispensés. Soit qu'ils n'en aient ni l'opportunité, ni la possibilité, ni le pouvoir, ni la responsabilité.

Pour bien apprécier le travail d'Éric Delavallée, il convient de rappeler et préciser quelques points méconnus ou sous-estimés. Soyons clairs : le management est né il y a quelques millénaires avec l'action collective finalisée – action finalisée militaire, religieuse, administrative ou économique. Dès que des hommes ont agi de concert, de façon coordonnée pour atteindre des objectifs, il fallut bien alors prévoir, planifier, organiser, contrôler si on s'approchait bien du but visé, prendre les mesures correctives nécessaires, … On oublie trop souvent cette longue histoire du management, quel que soit le mot utilisé pour désigner cette pensée bien spécifique.

Quelques jalons historiques : la démarche itérative à la base du management, planifier – organiser – contrôler était connue des Égyptiens il y a 4 000 ans ; ceux-ci utilisaient également les définitions de fonction, faisaient la différence entre *staff* et *line,* liaient autorité et responsabilité en organisation. Les Grecs, 500 ans avant notre ère, notaient déjà la spécificité des raisonnements au cœur du management ; Platon dans ses écrits insistait sur les liens entre spécialisation et rendement et sur l'utilité des études de mouvements pour accroître la productivité. Plus près de nous, pour décider des investissements et des délocalisations (déjà !), les entrepreneurs italiens de la Renaissance recouraient à la théorie du portefeuille d'activités (stars, vaches à lait, dilemmes, poids morts) remise à la

mode par le BCG il y a peu. Les mêmes avaient conscience des coûts de transactions (théorisés par R. Coase,
prix Nobel d'économie en 1991, et par O. Williamson),
lorsqu'il s'agissait d'opter entre contrat ou autorité. Quant
aux arsenaux de Venise, la maîtrise de la production en
chaîne (comme M. Ford) leur permettait l'assemblage
final d'une galère en une heure sous les yeux du roi de
France Henri III en 1574 (afin de le convaincre de passer
commande, déjà !). Vauban nous a laissé des écrits sur la
gestion de projet, la démarche PPBS *(planning, program-
ming, budgeting system)* remise au goût du jour par R. Mc
Namara au Department of Defense, généralisée par le
président Johnson en 1965, puis diffusée en France par
l'Administration sous le sigle de RCB (Rationalisation
des Choix Budgétaires). Colbert réorganisait les arsenaux
de Louis XIV en systématisant l'usage de l'ordonnancement, du chronométrage, de la production à la chaîne,
des modes opératoires et de la formation. Et dire qu'on
entend encore affirmer doctement que le management est
une invention américaine du XIXe siècle, en particulier
d'un certain Taylor…

Ces quelques rappels afin de ne pas se méprendre sur la
nature du management : c'est un savoir empirique, élaboré au cours des millénaires, dans la pratique et l'expérience, dans la « vraie vie » pour reprendre l'expression
d'Éric Delavallée dans ces pages. Personne n'a inventé le
management, pas plus les chercheurs en management que
les consultants. Les chercheurs observent les managers,
leurs pratiques dans des situations données, les conséquences les plus ou les moins fréquentes de leurs choix et

de leurs décisions. Les consultants adaptent aux contextes économiques et techniques d'une époque ce que des managers pratiquent depuis des temps immémoriaux. Ce qui n'est ni négligeable, ni inutile. Ils formalisent les schémas de base, les enrichissent des enseignements des sciences de l'époque ; ils fournissent une aide à des décisions qu'ils ne prennent pas car ils n'en ont ni le pouvoir ni la responsabilité. Et face aux préconisations des scientifiques et des consultants, les managers réservent leurs décisions car ils ont de bonnes raisons pour décréter ou ne pas décréter de faire ce qu'on leur indique.

Une grande erreur consisterait à considérer le management comme une science ou comme la discipline d'application de quelque science, économie ou sciences humaines. N'en déplaise à Taylor et aux utopies du *scientific management*. Faire appel aux derniers modèles mathématiques financiers pour préparer une décision d'investissement, aux algorithmes les plus élaborés d'ordonnancement, ne transforme pas le management en science. Quel que soit le logiciel, il reste toujours à fixer des hypothèses, des seuils, des conjectures, des suppositions, des constantes, … et c'est là qu'intervient un manager qui finalement décidera de la dépense ou de l'ordre des fabrications. Et son intuition, son expérience, sa détermination, ses desseins, sa hardiesse, son intime conviction, les informations glanées ici et là ont aussi de l'importance pour orienter sa décision. Après tout, Henri Fayol, bien qu'ancien élève de l'École des Mines, estimait que la règle de trois suffisait amplement pour manager même aux plus hauts niveaux de responsabilité…

Autre méprise à dissiper : le management, ce savoir empirique accumulé et perpétuellement adapté et enrichi, ne dit pas ce qu'il faut faire ; il indique ce qu'on peut faire. Ce sont les modes qui induisent périodiquement en erreur en faisant croire que la meilleure structure est la structure produits/marchés, qu'il faut faire comme les Japonais ou le modèle rhénan. Le management, savoir empirique, n'est jamais normatif comme on a voulu le faire croire. Il propose aux managers des choix possibles : vous pouvez utiliser telle ou telle structure, tel ou tel type de contrôle de gestion, une orientation centralisée ou décentralisée, ... Au manager de choisir, de décider, selon le contexte et les objectifs. Et cette nécessité ultime de choisir et de décider démontre et justifie et la présence obligatoire et le rôle des managers. Qui parfois tâtonnent, choisissent mal puis doivent corriger et modifier. Mais on ne le sait que *ex post*, rarement *ex ante*, pour reprendre l'expression des économistes.

Ces solutions aux problèmes de management accumulées au cours des millénaires n'ont jamais été que le recensement de ce à quoi on peut recourir. Aucune de ces solutions ne l'emporte en supériorité sur une autre : en fonction de la situation et du travail à effectuer, préférez la rémunération aux pièces ou celle à la tâche, recommandaient déjà les Égyptiens et les Romains. Il n'y a pas de *one best way* absolue. On ne peut que sourire aux solutions universelles proposées par les modes en management. N'oublions pas qu'au moment où une certaine mode vantait la supériorité absolue d'un type de structure, la *business school* d'Harvard elle-même promouvait la

théorie de la contingence : la pertinence d'une solution –
structure, style de management, type de budgétisation, …
– ne tient qu'au contexte dans lequel on l'applique. D'où,
là encore, le rôle déterminant du manager. Ce point capital, Éric Delavallée le souligne fort justement dans cet
ouvrage.

De même, insiste-t-il, le manager, c'est celui qui décide
pour résoudre, souvent dans l'urgence, un problème surgi
de l'imprévisible, de l'invraisemblable ou plus simplement
du manque de chance (la tartine beurrée tombée du mauvais côté), afin d'atteindre quand même les objectifs du
jour, du mois ou de l'année, et de bien montrer la différence entre les managers et ceux (fonctionnels, état-major)
qui, auprès ou autour de lui, contribuent à la fonction
management, le secondent, lui apportent leur concours.
Sans ces managers décideurs, *problems solver*, adieu les performances. Sans ces multitudes de décisions quotidiennes
à tous les niveaux, des responsables d'unités aux contremaî-
tres, l'ensemble se bloque, dérive. Conséquence : parmi les
qualités à attendre des managers : l'obsession des objectifs
(humains, économiques, techniques, sociaux) et l'art de
concilier ceux-ci malgré leur hétérogénéité. Et, de temps
à autre, reprenons notre dictionnaire pour avoir la confir-
mation que le verbe *to manage* se traduit bien par « se
débrouiller », « en venir à bout », « s'arranger ».

Ainsi, l'un des grands intérêts de cet ouvrage vient de ce
qu'il met au premier plan les managers et leur rôle. En
conséquence, ne cherchons pas à résoudre un problème
de management en modifiant l'organigramme ou en
achetant le dernier logiciel de gestion là où on a affaire à

un problème de managers. Par ailleurs, le type d'économie qui se diffuse – concurrence, internationalisation, accélération, ... – ne peut qu'accentuer l'importance des managers et de leur rôle. S'adapter à ce contexte et le maîtriser demandent décentralisation, large autonomie contrôlée donnée à de petites unités, réactivité, arbitrages momentanés entre des objectifs nombreux et exigeants : ce ne sont pas des dispositifs de management qui apporteront seuls ces capacités mais des managers de qualité. Ce livre est donc fort bien venu.

Pierre MORIN

Le rôle du manager dans la pièce *Management*

Depuis six mois, vous avez la responsabilité d'un service et vous êtes à la tête d'une petite équipe. Vous êtes donc devenu manager. En cette fin de semaine, vous êtes fatigué. Les journées ont été longues et denses. Vous avez bien mérité votre week-end. Pourtant, ce dimanche après-midi, en regardant jouer vos enfants, vous êtes ailleurs : déjà dans votre travail. En ce moment, il ne vous « lâche » pas. Vous en rêvez même la nuit. En fait, une chose vous inquiète : vous avez peur de ne pas être à la hauteur de votre fonction, de ne pas être un bon manager. Qu'en pense votre responsable hiérarchique ? Vos collaborateurs ? Vous ne savez pas très bien. Vous aimeriez bien savoir, mais vous n'osez pas leur demander.

Avez-vous le « gène » du management ?

D'où vient cette inquiétude ? Depuis votre nomination, vous avez le sentiment de ne plus rien faire correctement. Vous travaillez beaucoup plus, mais le temps vous manque pour faire tout ce que vous avez à faire. Vos journées sont trop courtes. Du coup, vous parez au plus pressé. Parfois, vous en venez même à vous demander ce que vous faites réellement. À quoi servez-vous ? Vous ne savez plus l'expliquer clairement, sauf en termes de lamentations : « les choses n'avancent pas ; on fait un pas en avant, deux en arrière ; je n'en verrai jamais le bout ; il n'y a rien à tirer de mes collaborateurs ; … » Avant, vous passiez de longs moments à réfléchir devant votre ordinateur, de longues heures à vous concentrer sur votre travail. C'était confortable. Aujourd'hui, votre téléphone sonne vingt fois par jour, vous êtes dérangé toutes les deux minutes par quelqu'un qui vient de manière impromptue vous demander votre avis, quelqu'un qui le plus souvent a besoin d'une décision rapide de votre part. Vous passez plus de la moitié de votre temps en dehors de votre bureau : en réunion, dans le bureau de vos collaborateurs, … Le matin en arrivant, à peine assis, avant même d'avoir fini votre café, vous entendez le téléphone sonner et vous vous dites : « ça commence ! ».

En fait, vous passez vos journées à régler une multitude de petits problèmes, le plus souvent sans intérêt, de votre point de vue au moins. Alors, légitimement, vous vous demandez à quoi vous servez ? Vous avez le sentiment d'occuper une fonction que vous ne méritez pas, d'être un usurpateur. Vous faites au mieux sans que le succès soit réellement au rendez-vous. Pourtant, vous surinvestissez votre travail tant physiquement que psychologiquement.

Vous êtes consciencieux. Au moment de votre nomination, vous avez voulu vous préparer à vos nouvelles fonctions. Vous avez demandé à votre directeur des ressources humaines un stage de formation en management. Vous en avez été très content. Le formateur était très pédagogue, la nourriture très bonne et vous avez bien rigolé avec les autres stagiaires. Vous avez appris à planifier, organiser, animer et contrôler. Bref, à manager ! Le programme était dense. Vous avez mis en pratique les recommandations du formateur lors de jeux de rôles filmés. C'était vivant, vous ne vous êtes pas ennuyé. Les mises en situation étaient un peu éloignées de votre quotidien, mais vous avez « fait bonne figure ». Selon les termes du formateur, « vous vous en êtes sorti avec les honneurs ». Depuis, vous gardez précieusement le classeur dans l'un des tiroirs de votre bureau. Vous ne le consultez pas souvent, mais sa présence vous rassure. En cas de problème, vous savez où le trouver.

Dans votre enthousiasme d'après stage, vous vous êtes procuré un ouvrage de management : celui conseillé par le formateur. Rongé par le doute sur vos capacités managériales, vous replongez aujourd'hui dans cet ouvrage. Vous l'ouvrez et, page 129, vous tombez sur une présentation du profil du manager « idéal » : « *En fait, le supérieur apparaît comme un conseiller, un consultant, un animateur disposé à aider ses subordonnés à résoudre leurs problèmes. Comme conseiller, il aide à faire comprendre le contexte et propose de nouvelles orientations. Comme consultant, il agit comme miroir et catalyseur, il aide le subordonné à s'analyser et à analyser la situation. Le subordonné peut éprouver sur lui ses idées nouvelles ; le supérieur y ajoutera les siennes, en contestera certaines et l'obligera à réfléchir. Il peut l'aider à analyser les résultats passés et à en tirer un enseignement pour l'avenir. Il peut enfin, à son échelon, soutenir les efforts de son subordonné. Ainsi, le manager qui travaille dans cet esprit est beaucoup plus qu'un détenteur de l'autorité, plus qu'un supporter dévoué, plus qu'un agent de transmission ou qu'un homme de compromis. Il est plutôt celui qui ouvre des perspectives, éduque, favorise les améliorations et permet à chacun de progresser »*[1]. Votre lecture confirme vos doutes : à l'évidence, vous ne possédez pas toutes ces qualités. Maintenant, vous en êtes persuadé. Vous n'avez pas le « gène » du management. Le management, ce n'est pas votre « truc ». Vous concernant, il y a eu une « erreur de casting ». Vous ne pouvez pas faire machine arrière sans perdre la face, du coup, vous vous sentez un peu pris au piège. Pourtant, vous aimeriez bien retrouver votre place d'avant, … avant d'être manager !

Le management est un mystère

Vous éprouvez ou avez éprouvé ces sentiments ? C'est d'ailleurs sans doute ce qui vous a conduit à acheter cet ouvrage ! Si c'est le cas, nous allons essayer de vous rassurer. En fait, le management a beaucoup plus à voir avec ce que vous faites tous les jours qu'avec ce dont on vous a parlé pendant votre stage de formation, qu'avec ce que vous avez lu dans les ouvrages, qu'avec ce que vous avez

---

1. Robert BLAKE, Jane MOUTON, *Les deux dimensions du management*, Éditions d'Organisation, 1969.

le sentiment de ne pas bien faire. Le management est un mystère : on en parle d'une certaine manière, on le pratique d'une autre. Vous ne possédez évidemment pas toutes les qualités requises pour être le manager « idéal » des manuels. Mais qui les possède toutes ? Avouez qu'il est difficile de les trouver réunies chez une seule personne. Arrêtez de culpabiliser ou de vous dévaloriser ! Renoncez à être un manager parfait, à être le manager « idéal » des manuels et des stages de formation. C'est un fantasme, une construction de l'esprit. Il existe juste dans nos têtes.

Qui est responsable de ce décalage entre discours et réalité à propos du management ? Les formateurs et les consultants, ceux qui à longueur de journées expliquent comment faire ce que souvent ils n'ont jamais fait à des managers qui, eux, le font tous les jours. « Quand on connaît le management, on le pratique ; quand on ne le connaît qu'en partie, on le conseille ; quand on ne le connaît pas du tout, on l'enseigne ». Voilà une blague facile sur les formateurs et les consultants, des cibles vite trouvées. Ils sont responsables, mais ne sont pas les seuls. Vous, par exemple, de quoi parlez-vous quand vous parlez de management ? Relativement peu de vos pratiques et des problèmes que vous rencontrez. Souvent plus de ce que vous devriez faire que de ce que vous faites réellement. Sur le sujet qui nous intéresse ici, le management, il n'y a souvent pas plus langue de bois que les managers eux-mêmes. Un peu comme si cela était honteux d'avouer qu'on ne fait pas ce que les manuels recommandent. Prenons encore un autre exemple pour illustrer ce décalage entre discours et réalité : les descriptions de poste, les référentiels et les chartes de management. Sur quelle représentation du manager ces outils de gestion des RH sont-ils construits ? Une nouvelle fois, celle du manager « idéal ».

Arrêtons-nous un instant sur le contenu du référentiel de management d'une grande entreprise de services. On peut y lire que le manager écoute et prend en compte les idées de ses collaborateurs, forme, fait évoluer, valorise, donne des signes de reconnaissance, sait s'entourer, établit la confiance, développe l'esprit de solidarité, décline la stratégie, fixe des objectifs clairs et précis, donne du sens, favorise la prise d'initiative, fait évoluer l'organisation, délègue et développe l'autonomie, donne l'exemple, fait preuve d'équité, favorise la créativité, décide, récompense et sanctionne de manière juste et impartiale, accepte les désaccords, donne le droit à l'erreur, maintient l'enthousiasme, … Et la liste continue.

Du manager « idéal » au manager de la « vraie vie »

Pourtant, le management de la « vraie vie », celui que vous pratiquez, peut se décrire. C'est notre ambition dans cet ouvrage. Raconter ce qui se passe, arrêter de seulement imaginer ce qui devrait se passer. Deux conditions sont nécessaires pour appréhender le management de la « vraie vie » :

- partir de la réalité, du monde tel qu'il est et non tel qu'il devrait être, tel qu'on le fantasme ;

- savoir utiliser plusieurs grilles de lecture de cette réalité à dimensions multiples : économique, sociologique, psychologique, politique, …

La réalité du manager est tellement complexe qu'aucune grille de lecture, seule, permet de la comprendre complètement. Chaque grille n'en donne qu'une compréhension partielle. Il faut donc être capable d'en mobiliser plusieurs. Il faut chausser différentes « paires de lunettes », mais les chausser alternativement, pas simultanément. En effet, en les superposant, on risque, au bout du compte, de ne plus rien voir du tout. Cela rend l'exercice particulièrement délicat et, surtout, nécessairement inachevé. Pourquoi ? Parce qu'il reste toujours une partie inexpliquée à laquelle il faut bien se résoudre. Quand on est manager, il faut agir, prendre des décisions, … sans pouvoir tout expliquer. Il faut renoncer à tout contrôler, accepter de vivre dans le doute. C'est avec cette part d'incertitude que vous devez composer. Elle fait votre quotidien.

Certains auteurs, peu nombreux en comparaison du nombre d'ouvrages de management existants, se sont livrés à cet exercice avec talent. Ils décrivent le manager de la « vraie vie », pas le manager « idéal ». À la question « à quoi servent les managers ? », ces auteurs, universitaires ou praticiens, répondent sans concession : « à faire en sorte que l'organisation fonctionne ». Un stratège, un architecte, un coach, … Oui, un peu, parfois, dans certaines circonstances ! Mais le manager de la « vraie vie » est surtout un *« problem solver »,* comme disent les Anglo-Saxons, quelqu'un qui passe ses journées à mettre de l'huile dans les rouages de l'organisation pour qu'elle fonctionne, quelqu'un qui passe ses journées à faire avancer les choses qui n'avancent pas. L'image est moins attractive et moins valorisante, mais plus proche de ce que vous vivez tous les jours.

Management et managers ne sont pas synonymes

Le mystère du manager « idéal » n'est pas le seul mystère du management. Il y en a un autre : la confusion, consciente ou inconsciente, entre management et managers. Le management, c'est ce que font les managers. Mais que font les managers ? Du management bien sûr ! Nous voilà bien avancé. En fait, les choses ne sont pas si simples. Le mot management a probablement la même racine latine que ménagement, mot français du XVIe siècle, dérivé de « ménager » qui signifie disposer, régler avec soin et adresse, précise *le Petit Robert*. Quelle que soit son origine étymologique, c'est aujourd'hui une notion galvaudée, une notion bien vague dans le discours courant. Le terme est employé pour qualifier des objets différents : une activité professionnelle (vous faites du management), une instance regroupant un ensemble de personnes (votre directeur général ne parle-t-il pas de son management), un corpus de connaissances ou encore un ensemble de techniques. Le mot est employé seul, mais aussi accolé à d'autres : management des compétences, des stocks, du changement, par projet, … On pourrait continuer la liste sur plusieurs pages sans épuiser le sujet.

Le mot est tellement galvaudé qu'on finit par oublier l'essentiel. Le management, c'est avant tout une fonction exercée au sein de l'entreprise. Une fonction ayant pour finalité de transformer du travail en performances[1]. La finalité du management n'est pas de faire travailler, de motiver ou de « faire grandir », … Sa finalité est de transformer le travail d'autrui en performances, en performances collectives et durables si possible. Qui remplit cette fonction ? En tant que manager, vous transformez du travail en performances : celui de vos collaborateurs, celui des membres de l'équipe projet que vous animez. À ce titre, au niveau de votre service, département, direction, …, vous contribuez à remplir la fonction de management. Mais le contrôleur de gestion, le responsable des ressources humaines, le directeur du plan et de la stratégie, …, ne participent-ils pas, eux aussi, à produire des performances ? Évidemment ! Eux aussi contribuent à remplir la fonction de management. Pourtant, ce ne sont pas des managers. Le management ne se réduit pas à l'activité des managers. Management et managers ne se superposent pas complétement. Les deux termes ne peuvent être employés de manière indifférente comme on l'entend trop souvent.

Opérationnels et fonctionnels contribuent, chacun dans des rôles différents, à remplir la fonction de management. Ce faisant, il y a une division du travail de management entre eux. Mais l'histoire ne s'arrête pas là. Cette division du travail de management n'est pas la seule. Au sein de

---

1. Formule empruntée à Bernard Galambaud avec lequel nous avons écrit une étude dont sont issues certaines idées sur la division du travail de management développées dans cet ouvrage.

l'unité dont vous avez la responsabilité, avec un collègue, avec votre adjoint, … vous avez peut-être décidé de vous partager le travail de management. Sur le terrain, vous animez l'équipe. Derrière son ordinateur, il assure l'essentiel du pilotage. À vous les relations humaines, à lui les chiffres ! Même si les manuels de management nous martèlent depuis des décennies que tous les managers font la même chose, cela ne résiste pas longtemps à l'épreuve des faits. On trouve, çà et là, des formes de division du travail de management entre managers. Tous les managers de la « vraie vie » ne font pas la même chose. Le management de certaines unités est bicéphale, voire tricéphale. D'un niveau hiérarchique à l'autre, les managers ne font pas non plus tous la même chose : le pilotage se fait à tel niveau, l'animation des équipes à tel autre. La division du travail de management est double. Elle est horizontale (entre opérationnels et fonctionnels), mais aussi verticale (entre managers d'une même ligne hiérarchique).

Les compétences des managers en question

Les conséquences de cette distinction entre management et managers ne sont pas minces. Deux au moins sont majeures. D'abord, tout problème de management ne trouve pas forcément sa source dans un déficit de compétences des managers, comme tout un chacun, vos dirigeants les premiers le croient trop facilement. Souvent, vous êtes des boucs émissaires bien commodes, des cibles facilement trouvées. L'origine d'un problème de management peut se situer autre part que dans vos compétences : dans la répartition des rôles de management entre les managers d'une même ligne hiérarchique, d'une part, dans les relations entre les opérationnels et les fonctionnels, d'autre part. On peut avoir de bons managers, mais un mauvais management. La qualité du management ne dépend pas uniquement des compétences des managers.

La seconde conséquence concerne la formation en management. Celle-ci doit intégrer la double division du travail de management et ses effets. Il ne s'agit plus de seulement diffuser les normes de comportement qui figurent dans les chartes et les référentiels de management. Il s'agit de développer des compétences individuelles, mais aussi collectives, en fonction des particularités d'un contexte et non seulement en fonction de caractéristiques universelles. Dès lors, de telles formations ne peuvent plus être ces « prêts à penser », culpabilisants pour les managers de la « vraie vie », que sont encore nombre de séminaires ayant la prétention d'enseigner les prescriptions des manuels de management, le modèle du manager « idéal ». Souvent, ces formations préparent les managers à faire des choses qu'ils ne font pas, voire qu'ils ne feront jamais. Inversement, elles ne les préparent pas suffisamment à faire ce qu'ils font dans la « vraie vie ». Il n'est donc pas étonnant que dirigeants, responsables des ressources humaines et managers s'accordent pour questionner leur utilité, pour interroger le retour sur investissement de telles formations.

Ce que vous trouverez dans cet ouvrage

Cet ouvrage n'est pas un ouvrage « boîte à outils ». Vous n'y trouverez ni recettes, ni solutions prêtes à l'emploi. Ces ouvrages sont utiles, certains sont même très bons. Ce n'est pas non plus le récit d'une expérience, d'une « *success story* ». Là aussi, ces ouvrages existent ; certains sont très instructifs. Notre objectif est à la fois plus humble et plus ambitieux. Nous vous proposons une réflexion sur vos pratiques de manager, une réflexion sur le management tel qu'il est et non tel qu'il devrait être. Bref, une invitation à prendre une paire d'heures pour réfléchir à votre travail, à la fonction que vous remplissez tous les jours, au cadre dans lequel cette fonction s'inscrit. Une invitation à réfléchir au « pourquoi », pas seulement au « comment ».

Deux convictions nous guident dans notre démarche :

- la qualité de votre management dépend d'abord de votre compréhension du travail du manager ;
- une description fidèle de celui-ci vous sera plus utile que n'importe quelle prescription, aussi judicieuse soit-elle.

Notre ambition est de vous aider à vous poser des questions, non pas de vous apporter des réponses toutes faites. Les réponses, c'est vous qui les détenez. Elles sont indissociables de la situation dans laquelle vous vous trouvez, d'une part, de la manière dont vous la vivez, d'autre part. En revanche, on peut vous aider à poser les problèmes, à questionner votre réalité managériale.

Cet ouvrage est divisé en trois parties. La première concerne votre rôle de manager. Être manager, c'est tenir un rôle, un rôle social parmi d'autres. Vous êtes comme un comédien qui joue dans plusieurs pièces et donc sur plusieurs scènes : celle de votre entreprise, de votre famille, de telle ou telle association, … Vous êtes manager, mais en même temps père ou mère de famille, trésorier de votre club de tennis. Aucun de ces rôles n'est suffisant, à lui seul, pour vous définir complètement. Vous êtes tout cela en même temps. Dans la pièce *Management,* quel est le contenu de votre rôle de manager ? Quelles sont vos principales répliques ?

La deuxième partie de cet ouvrage vise à mettre en perspective la première, à comprendre pas simplement à constater. Elle concerne la pièce *Management,* la pièce dans laquelle vous jouez en tant que manager : la mise en scène, le décor, … On ne peut pas comprendre votre rôle sans le resituer dans la pièce où vous le jouez. Vous êtes l'un des éléments d'un ensemble qui vous dépasse. Qu'est-ce que le management ? Que recouvre ce terme aujourd'hui tellement galvaudé ? Qui sont les acteurs de cette pièce ? Dans quelles scènes et dans quel costume jouent-ils ?

Enfin, la troisième partie aborde le devenir des managers et celui du management. Où va le management ? Dans quelles conditions exercerez-vous votre rôle demain ? Seront-elles similaires, différentes ou en rupture par rapport à celles d'aujourd'hui ?

Partie 1

Le manager : son rôle, son texte, ses répliques

Introduction

Manager, ce n'est pas seulement motiver. Avoir des collaborateurs contents et satisfaits n'est pas une fin en soi. Vous n'avez pas à faire l'unanimité au sein de votre équipe. La qualité de votre management ne se mesure pas à « l'applaudimètre », même si parfois on demande l'avis de vos collaborateurs sur vos compétences, par exemple dans le cadre d'une évaluation à 360 degrés. Vous n'êtes pas élu par vos collaborateurs comme un homme politique par ses électeurs. La notion de motivation n'est pas non plus complètement étrangère au monde du management. La motivation de vos collaborateurs n'est pas une fin en soi, mais, dans certains cas, elle peut devenir un moyen pertinent d'obtenir des performances de leur part.

Management n'est pas non plus synonyme d'éducation. Pour ceux qui réduisent le management à une relation entre deux individus, à une relation de face-à-face, le but principal du manager serait de rendre ses collaborateurs matures et autonomes. Vos collaborateurs ne sont pas des enfants, même si, comme nous tous, ils se comportent parfois comme tels. Vous n'êtes pas non plus un psychothérapeute, quand bien même le titre de certains ouvrages à succès suggère le contraire. Vous devez accompagner vos collaborateurs dans le développement de leurs compétences, mais pas les « faire grandir » au sens psychologique du terme. Pour cela, il y a des lieux particuliers et des professionnels spécialisés. À chacun son métier ! À cet égard, l'expression « manager coach » est très ambiguë. Que vous ayez besoin d'un coach comme un sportif de haut niveau, soit ! Mais de là à l'être vous-même, il y a un pas franchi trop rapidement. Ou alors le terme « coach » est employé pour qualifier des choses très différentes les unes des autres. Il serait alors l'un de ces « mots-valises » légion dans le domaine du management.

Enfin, manager, ce n'est pas seulement faire travailler ses collaborateurs. Vous obtenez un résultat par l'intermédiaire de vos collaborateurs. Le management relève plus du faire faire que du faire ou du laisser-faire. Mais là aussi, faire travailler vos collaborateurs n'est pas une fin en soi. On peut travailler sans être performant. On peut aussi faire travailler sans obtenir de performances. Manager, ce n'est pas seulement faire faire les choses. C'est faire bien faire les bonnes choses. Dit autrement, manager, c'est transformer le travail d'autrui en performances, en performances collectives et durables si possible.

Le cadre est,
le manager fait

Le manager fait son travail en faisant travailler les autres. Vous êtes manager parce que vous faites faire plus que vous ne faites vous-même. Mais vous êtes manager surtout parce que vous êtes responsable de résultats obtenus par d'autres personnes que vous. Contrairement à l'expert dont la performance ne dépend que de lui, le manager consacre l'essentiel de son temps à obtenir des résultats par l'intermédiaire d'autres personnes. Le manager transforme le travail de ses collaborateurs en performances. En France, on entretient depuis longtemps une fâcheuse confusion entre cadre et manager. Pourtant, vous pouvez très bien être cadre, mais ne pas être manager. Un cadre n'encadre pas forcément. Le plus souvent, un chercheur dans un laboratoire de développement, un expert en droit social, le secrétaire général, ... sont des cadres, mais ne managent pas. Inversement, vous pouvez très bien être manager, mais ne pas être cadre. Si vous êtes agent de maîtrise, par exemple, vous avez la responsabilité d'une équipe d'opérateurs, vous êtes donc responsable d'une performance en grande partie produite par d'autres. La notion de cadre renvoie à un statut, à une position ; celle de manager à une fonction. Le cadre est, le manager fait. Il n'y a *a priori* aucune raison pour que les deux se superposent.

Le management est un pari

Deux termes clés caractérisent le management : faire faire et performance. Dans une équipe, au-delà d'une certaine taille, à partir d'un certain volume d'activité, il vaut mieux avoir un barreur qu'un rameur supplémentaire. On obtient une performance plus grande avec un barreur, quelqu'un qui passe une partie de son temps à faire faire, qu'avec un rameur supplémentaire qui, lui, ne ferait que faire. Attention cependant aux entreprises qui, en multipliant les niveaux hiérarchiques (moins pour produire des performances que pour offrir des perspectives d'évolution professionnelle à leurs salariés), finissent par avoir trop de barreurs et plus suffisamment de rameurs.

Transformer le travail de ses collaborateurs en performances est la fonction explicite du manager. Mais il en remplit d'autres, plus implicites, et souvent beaucoup moins avouables. Par exemple, son existence permet à ses collaborateurs de se défouler. Quel est le sujet de discussion favori entre collègues d'un même service au restaurant d'entreprise ou devant la machine à café ? Leur manager évidemment ! « Il est comme ceci, pas comme cela ; il a encore fait ceci, pas cela, … » Si les managers entendaient, voire imaginaient, le quart du dixième de ce que leurs collaborateurs racontent sur eux, ils ne s'en remettraient pas. Ils sont souvent l'objet de tous les reproches, parfois

sans limites, de la part de leurs collaborateurs. Par définition imparfaits, ce sont des boucs émissaires bien commodes sur lesquels chacun peut projeter ce qu'il n'arrive pas
à se reprocher à lui-même. Le manager est une surface
projective disent les psychologues en termes savants. C'est
bien commode d'avoir un manager sous la main pour
gérer ses frustrations. Cette fonction est implicite. Mais
qu'il le veuille ou non, qu'il le sache ou pas, le manager
la remplit. Il la remplit moins par ce qu'il fait que par ce
qu'il est, par ce qu'il représente au yeux de ses collaborateurs.

Pour transformer le travail de vos collaborateurs en performances, votre fonction explicite, vous tenez un rôle
avec un style particulier. On vous parle souvent de votre
rôle de manager et de votre style de management. De
quoi s'agit-il ? Essayons d'y voir un peu plus clair !

Le manager ne fait pas que du management

Mais d'abord, prenez deux minutes pour lister l'ensemble
des activités que vous avez exécutées dans la journée, dans
la semaine ou dans le mois. Relèvent-elles toutes du
domaine du management ? Participent-elles toutes à transformer le travail de vos collaborateurs en performances ?
Dit autrement, ne faites-vous que du management ? Si
cela n'est pas le cas, que faites-vous d'autre ?

En cas de surcharge, vous mettez fréquemment la « main
à la pâte ». Vous donnez un coup de main à vos collaborateurs pour tenir les plannings. Vous le faites d'autant

plus facilement que vous savez faire leur travail. La légitimité du manager, surtout en France, réside pour une large part dans ses compétences techniques. Le plus souvent, vous avez été promu manager, non parce que vous étiez jugé le plus apte à faire du management, mais parce que, d'un point de vue technique, vous étiez le meilleur (ou parce que votre entreprise n'a rien trouvé d'autre pour vous faire évoluer professionnellement). En outre, justement parce que vous êtes le plus compétent techniquement, vous traitez fréquemment vous-même certains dossiers épineux ou réalisez vous-même certaines opérations périlleuses. Il y a toujours beaucoup de bonnes raisons pour que votre travail ne soit pas simplement de faire travailler les autres.

Dans les faits donc, certaines de vos activités relèvent plus du faire que du faire faire. Parfois même en quantité non négligeable ! Dans un cabinet d'avocats par exemple, le responsable d'un département fait du management. Il manage son département et pilote des équipes d'avocats sur un certain nombre de dossiers. Mais il peut aussi intervenir seul sur d'autres dossiers et, ce faisant, jouer lui-même un rôle d'avocat. Dans ce cas, il fait lui-même plus qu'il ne fait faire. Dans un hôpital, le chef du service de chirurgie manage une équipe de médecins, mais continue à faire lui-même certaines opérations, celles qui correspondent à sa spécialité. Un rédacteur en chef manage une équipe de journalistes, mais continue à écrire, au moins l'éditorial. Le directeur de tel salon de coiffure, qui s'est entouré de plusieurs coiffeurs qu'il doit manager, continue à faire lui-même certaines coupes parce que les clients le demandent, mais aussi (et peut-être surtout) parce qu'il aime cela. Certains managers ne font que manager. Mais ce n'est pas le cas le plus courant. Parfois, cela peut même être très préjudiciable que les managers ne fassent plus du tout par eux-mêmes. Ils se coupent trop du terrain et finissent par ne plus être suffisamment proches des problèmes, par ne plus être suffisamment légitimes aux yeux de leurs collaborateurs.

Chef d'orchestre ou premier violon ?

Souvent, vous avez une double casquette : vous managez d'un côté et produisez de l'autre. Les raisons sont avant tout économiques : votre entreprise ne peut pas toujours se payer des managers « temps plein ». Vous devez être au four et au moulin ! Cela n'est pas anormal. Au contraire ! Cela peut cependant devenir préjudiciable si la fonction de production que vous remplissez prend le pas sur celle de management, si la première vous empêche de remplir correctement la seconde. Or, malheureusement, ce cas est loin d'être une exception. Dans nombre d'entreprises françaises, il y a un déficit de management parce que les managers continuent plus à faire eux-mêmes qu'à faire faire. Ils font et, au lieu de faire faire, ils laissent faire. Parfois, au sein de certains services, s'installe même un véritable cercle vicieux. Comment ? Par exemple, vous recevez des plaintes de surcharge de travail de la part de vos collaborateurs. Vous n'osez plus leur demander d'exécuter certaines tâches peu qualifiées, fatigantes, monotones et répétitives. Pour ne pas avoir de problèmes, la solution la plus simple et la moins coûteuse psychologiquement pour vous consiste à faire vous-même le travail. Au total, non seulement vous produisez, mais en plus les activités que vous prenez à votre charge ne sont pas celles dont la valeur ajoutée est la plus importante. Paradoxe ?

Le manager est d'abord un *problem solver*

Vous ne faites pas que du management. Mais quand vous en faites, que faites-vous ? Quelle est la nature de votre travail de manager ? C'est plus un travail d'action que de réflexion. Vous êtes avant tout un « *problem solver* », disent les Anglo-Saxons, quelqu'un qui passe ses journées à mettre de l'huile dans les rouages du service pour qu'il fonctionne, quelqu'un qui passe ses journées à faire avancer ce qui n'avance pas. Comme le pompier, vous répondez aux urgences. Après quelques années en situation de management, vous avez appris que « le diable est dans les détails » et que « c'est avec de petites rivières qu'on fait les grands fleuves ». En simplifiant, les problèmes que vous passez vos journées à résoudre peuvent être regroupés en quatre grandes catégories.

Quatre catégories de problèmes à résoudre

L'incertitude

Votre travail consiste à prendre des décisions opérationnelles, souvent des micro-décisions, en composant avec l'incertitude. Votre premier problème, c'est l'incertitude. Décider, c'est parier. Dans une situation de choix, il y a des options, une ou plusieurs alternatives. Pourquoi choisir l'une plutôt que l'autre ? Vous avez rarement suffisamment d'information pour trancher avec certitude. Vous devez parier. Les situations de management sont, par définition, incertaines. Le manager doit renoncer à tout contrôler, il doit se satisfaire de solutions imparfaites. Décider, c'est renoncer à certaines alternatives. C'est aussi renoncer à la perfection. Le manager choisit la moins mauvaise des solutions parmi toutes celles envisageables. Il n'y a pas plus de solution « idéale » qu'il n'y a de manager « idéal ». Il y a un parti pris à l'action : accepter un certain degré d'insatisfaction et d'incertitude. C'est en grande partie parce que votre environnement n'est ni totalement certain, ni totalement prévisible, que vous ne pourrez jamais être remplacé par une machine, même par l'ordinateur le plus puissant du monde. Votre intuition est irremplaçable.

Les arbitrages

La deuxième catégorie de problèmes que vous avez à résoudre concernent l'arbitrage des objectifs : vous devez arbitrer entre des objectifs partiellement divergents. Vos commerciaux ont bien travaillé, les carnets de commandes sont remplis. Il va falloir « faire tourner » la machine industrielle à plein régime pour honorer les commandes. La maintenance débarque dans votre bureau pour vous prévenir des « arrêts machine » relatifs à leur entretien. Vous ne tiendrez pas les plannings, les clients ne seront pas livrés à temps. Qu'allez-vous privilégier ? La satisfaction des clients ou la durée de vie des machines ? Le court terme ou le moyen terme ? Les objectifs résultent d'un ensemble de négociations entre des acteurs dont les intérêts ne sont que partiellement convergents. Ils sont ainsi fréquemment en contradiction les uns avec les autres et ne peuvent être tous atteints simultanément. Il faut les hiérarchiser, les prioriser en arbitrant.

Le temps

Le management est un travail sans fin, un puits sans fond. Vous passez déjà beaucoup d'heures au travail, mais vous pourriez y passer votre vie. Pourquoi ? Parce qu'il y aura toujours quelque chose à faire. Vous devez alors hiérarchiser les choses, les choses importantes, les choses urgentes. La troisième catégorie de problèmes qui se posent au manager : gérer une pénurie de temps. Le temps est votre ressource la plus rare, celle qui vous manque le plus. Le management est intrinsèquement chronophage. Le matin en arrivant, vous ne savez pas de quoi votre journée sera faite. Durant vos longues journées, vous n'avez pas deux minutes pour vous poser et réfléchir à tête reposée. Vous êtes constamment dérangé. Vous faites des choses très variées et en général de courte durée. Pour une large part, vos activités sont peu prévisibles. L'essentiel de votre travail consiste à faire face aux imprévus. Vous êtes constamment sur la brèche, rarement maître de votre temps. Souvent, d'ailleurs, le problème du temps en génère d'autres : « On pare au plus pressé et, en fin de compte, on n'a plus le temps de faire ce qui est intéressant ; notre fonction se résume à résoudre une multitude de petits problèmes sans intérêt ; on n'a plus le temps de travailler sur l'essentiel, du coup, on est bien trop payé pour faire ce qu'on fait. »

La dépendance

Enfin, dernière catégorie de problèmes à résoudre : obtenir quelque chose de la part de personnes qui, souvent, dépendent moins de vous que vous ne dépendez d'elles. Vous êtes manager parce que vous êtes responsable d'une performance produite par d'autres personnes que vous. Quand vous étiez un simple « producteur », un « *doer* » disent les Anglo-Saxons, votre performance dépendait uniquement de votre travail. Aujourd'hui, elle ne dépend plus seulement de vous. Quelques mois après votre nomination, vous avez été surpris : vous dépendez plus de vos collaborateurs qu'ils ne dépendent de vous. Vous êtes en position d'autorité, mais surtout en position de dépendance. C'est à vous qu'on demande de se prononcer sur le montant de l'augmentation individuelle de vos collaborateurs. Pour cela, ils dépendent de vous. Mais qui est responsable de la performance de l'unité ? Vous ! Comment allez-vous obtenir cette performance ? Par l'intermédiaire de leur travail ! Là, vous dépendez d'eux. S'ils ne travaillent pas bien, pas suffisamment, pas comme il faut, … c'est la performance dont vous êtes responsable qui ne sera pas au rendez-vous. Pour produire cette performance, vous avez besoin de vos collaborateurs, mais pas seulement. Vous dépendez aussi d'autres services, des directions fonctionnelles, de fournisseurs, de sous-traitants, … Autant d'acteurs sur lesquels vous n'avez aucune autorité formelle. Il vous faut trouver d'autres moyens d'influence pour obtenir d'eux ce dont vous avez besoin. Le manager doit construire un réseau de partenaires, internes et externes à l'entreprise, avec lesquels il doit être « aux petits soins ». Sa performance, celle dont il est redevable, en dépend.

Rôles de management, rôle des managers

Pour résoudre ces problèmes, essence même du travail des managers, quels sont les rôles de management ? Il y en a cinq :

- la valorisation des ressources humaines ;
- le pilotage d'une unité ;
- le développement des personnes ;
- l'animation d'une équipe ;
- la coordination avec l'extérieur.

Les quatre premiers rôles sont tournés vers l'intérieur de votre unité, le cinquième vers l'extérieur. Les rôles « d'intérieur » se différencient sur deux axes : personnes/performances d'un côté, individuel/collectif de l'autre. La valorisation des ressources humaines est tournée vers les performances individuelles, le pilotage de l'unité vers les performances collectives, idem pour le développement des personnes (individuel) et l'animation d'équipe (collectif). Détaillons succinctement chacun de ces rôles.

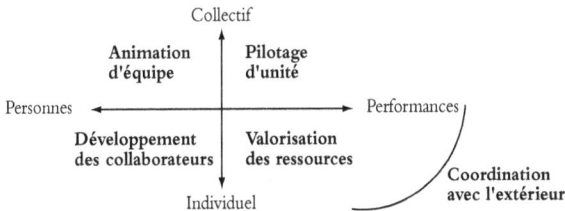

Valoriser les ressources humaines

Le premier rôle de management consiste à valoriser les ressources mises à votre disposition et, en particulier, les ressources humaines. Ici, le verbe « valoriser » n'est pas employé dans le sens de « donner la valeur », mais de « augmenter la valeur ». De ce point de vue là, parmi l'ensemble des ressources, les ressources humaines ont un statut particulier. Les ressources financières ou techniques peuvent être plus ou moins bien utilisées, mais elles ne donneront jamais un résultat supérieur à leur somme. Seules les ressources humaines sont susceptibles d'être développées, valorisées. Ressources humaines ? De quelles ressources parle-t-on ? Les individus, vos collaborateurs, ne sont pas des ressources. En revanche, ils possèdent des ressources, ils mettent des ressources à la disposition de votre entreprise : du temps, des compétences, de l'intelligence, de l'énergie, … Valoriser les ressources mises à disposition par vos collaborateurs, cela veut dire mettre sous contrôle un processus composé de quatre étapes :

- fixation d'objectifs individuels ;
- suivi du travail ;
- évaluation des résultats ;
- rétribution des performances obtenues.

Vos collaborateurs ne sont pas payés pour être performants, mais pour fournir un travail. Que dit leur contrat de travail (et non leur contrat de performances) : du travail contre un salaire dans le cadre d'un lien de subordination. Votre entreprise a pu faire le choix, comme beaucoup, de rémunérer aussi les performances, en général par un bonus ou une prime, par de la rémunération variable. Cet étage supplémentaire du système de rémunération est là pour vous aider à valoriser les ressources humaines, à transformer le travail de vos collaborateurs, travail pour lequel ils ont déjà été payés, en performances. Performances que vous rémunérerez en plus du travail fourni. Certains directeurs des ressources humaines ont cependant parfois un peu de mal à entendre, comprendre, voire accepter, que la rémunération des performances est fondamentalement une démarche de management. Une démarche qui doit servir en priorité les intérêts des managers et non d'abord les leurs, le plus souvent centrés sur la maîtrise de la masse salariale. Quand on met en place un bonus, on cherche à inciter la performance individuelle, pas à minimiser les coûts salariaux ; on cherche à valoriser les ressources humaines, pas les ressources financières. Pour cela, il y a d'autres solutions.

Sans tableau de bord, point de management

Piloter une unité, le deuxième rôle de management, c'est mettre en place un dispositif de suivi de l'activité permettant d'analyser des écarts pour prendre des mesures correctives en cas d'alerte. Dans votre voiture, vous avez un tableau de bord. Les informations qu'il vous fournit sont les suivantes :

- l'allure à laquelle vous roulez. Cela vous permet de savoir si vous respectez bien les limitations de vitesse ;
- votre consommation d'essence. En fonction de la distance qui vous reste à parcourir, vous savez si vous devez vous arrêter à une station service ou si cela n'est pas nécessaire ;

- quand le voyant d'huile s'allume, vous savez qu'il faut en remettre rapidement sous peine de « serrer » le moteur ;
- …

En matière de management, c'est la même chose. Vous ne pouvez pas manager sans tableau de bord. À échéances régulières, il vous permet de faire le point de la situation, c'est-à-dire comparer les résultats obtenus aux résultats escomptés. Si nécessaire, vous prenez les mesures qui s'imposent pour vous remettre dans les « clous » des objectifs. Tout n'est pas prévisible au moment où vous fixez les objectifs. Il ne suffit pas de fixer un objectif pour l'atteindre. Tous les jours surviennent des événements imprévus qui nécessitent des ajustements par rapport aux prévisions de départ. Piloter, c'est prévoir ! Mais c'est aussi s'ajuster au quotidien. En fonction des dérives constatées, devez-vous ajuster l'objectif poursuivi ou modifier les moyens de l'atteindre ? Dans cette situation et compte tenu du contexte, que faut-il privilégier : les résultats ou la consommation de ressources ? Comment allez-vous arbitrer ? Voilà des décisions que vous avez à prendre tous les jours, le plus souvent en situation d'incertitude.

Planification et contrôle sont deux mots clés du pilotage. La planification regroupe les opérations qui visent à décomposer une mission en objectifs opérationnels, puis à identifier les activités à réaliser et spécifier leur agencement pour atteindre les objectifs. Quand vous planifiez, vous apportez des réponses à la question « que fait-on ? » Le contrôle, lui, regroupe des activités qui consistent à définir des standards de performance, bâtir des indicateurs permettant de comparer les résultats obtenus aux objectifs fixés et les ressources consommées aux ressources allouées. Tout ceci pour mesurer des écarts et, le cas échéant, prendre les mesures correctives qui s'imposent. Il n'y a pas de management sans contrôle. Votre activité de manager ne s'y réduit pas, comme au temps du Taylorisme. Mais vous passez une grande partie de votre temps à suivre la réalisation du travail de vos collaborateurs et à contrôler les résultats qu'ils obtiennent.

Le manager ne pilote pas une machine

Pour manager, un tableau de bord est indispensable. C'est une condition nécessaire, mais pas suffisante. Le management ne se réduit pas à un suivi bureaucratique de chiffres consistant à vérifier qu'on « retombe bien sur ses pieds » quand on additionne les lignes et les colonnes. Les résultats que vous recherchez sont en grande partie obtenus par vos collaborateurs. Là s'arrête la comparaison avec la voiture. Vous ne pilotez pas une machine, mais un service, un département, …, composé d'individus. Les deux rôles de management suivant sont centrés sur les personnes : développement des personnes et animation d'une équipe. Le premier est individuel, le second est collectif.

Favoriser l'autonomie au travail

Le rôle de développement vise à accroître l'autonomie de vos collaborateurs, notamment à travers le développement de leurs compétences et la satisfaction de leurs motivations. Ce rôle, centré sur le moyen et long terme, est souvent antagoniste avec celui de valorisation des ressources humaines centré, lui, sur le court terme. L'horizon temporel n'est pas le seul motif d'antagonisme entre ces deux rôles de management. Vous devez développer les compétences de vos collaborateurs, mais aussi vous assurer de leur mobilisation pour faire ce qu'il y a à faire. En effet, vos collaborateurs peuvent très bien posséder des compétences, mais ne pas les mobiliser. Pourquoi ? Tout simplement parce qu'ils ne le souhaitent pas ou n'y voient pas d'intérêt. C'est toute la différence entre compétence et performance. On peut être compétent, mais pas performant. Mobiliser les compétences de vos collaborateurs pour qu'ils fassent bien les choses, mais aussi pour qu'ils fassent les « bonnes » choses, celles qui conduisent à la performance. Or, les choses à faire ne sont pas toujours les plus motivantes. Il n'y a pas de relation causale directe et simple entre performance et motivation. Le travail à fournir pour produire de la performance n'est pas toujours très motivant. Pourtant, il faut bien le faire. Non seulement il faut le faire, mais en plus il faut le faire correctement. Privilégier la valorisation des ressources humaines sur le développement des personnes, c'est faire preuve de « court termisme ». Faire l'inverse, c'est faire preuve de démagogie.

Une équipe n'est pas une collection d'individus

L'animation d'une équipe est le quatrième rôle de management. Animer, c'est donner une âme. Une équipe ne se réduit pas aux individus qui la composent. Une équipe n'est pas une collection d'individus. L'animation a pour fonction de transformer une addition d'individus en un groupe vivant et vivable. Le tout (l'équipe) est supérieur à la somme des parties (les individus). Les entraîneurs des équipes de football le savent bien ! On peut avoir de très bons joueurs et, pourtant, perdre un match contre une équipe a priori moins forte mais plus soudée. Vous êtes dans des situations comparables à celles des entraîneurs d'équipes de football, basket-ball, hand-ball, … Peu importe le sport d'équipe, la problématique est la même. Comment bâtir une « *dream team* » ? Bon nombre de managers aimeraient bien avoir la recette. Malheureusement, il n'y a que des cas particuliers.

Le manager est une courroie de transmission

Ces quatre premiers rôles sont tournés vers l'intérieur de votre service. Le cinquième, lui, est tourné vers l'extérieur. Il s'agit de la coordination avec l'extérieur. Vous êtes manager, mais en même temps managé. Vous êtes aussi le collaborateur de votre responsable hiérarchique direct. À ce titre, vous avez des comptes à lui rendre. Le lundi matin vous assistez au comité de la direction à laquelle vous appartenez en situation de managé. Le lundi après-midi, vous animez, en tant que manager, votre propre réunion de service hebdomadaire. Vous êtes à la fois manager et managé. Quand vous devenez manager, vous ne cessez pas pour autant d'être managé (toute proportion gardée, c'est un peu la même chose quand vous devenez père ou mère, vous ne cessez pas d'être fils ou fille). Votre rôle de manager ne vient pas remplacer celui de managé, il s'y ajoute. Ce n'est pas l'un ou l'autre, c'est l'un et l'autre. Du reste, ces deux rôles ne sont pas indépendants. Bien au contraire ! Ils sont même indissociables. C'est d'ailleurs pour cela que la moins mauvaise solution trouvée jusque-là est de les faire jouer par une seule et même personne. Pourquoi ? Parce que votre entreprise a besoin d'un minimum de coordination pour fonctionner correctement. C'est le rôle des directions fonctionnelles qui « standardisent » le travail par les procédures, les résultats et les qualifications. Nous y reviendrons plus longuement dans la deuxième partie de cet ouvrage. Mais c'est aussi le vôtre. Cette coordination passe par un ensemble d'ajustements quotidiens entre des managers, représentant chacun des unités différentes, mais toutes indispensables à la production d'une performance collective. Les organisations performantes fonctionnent comme des réseaux maillés de managers. Le manager est aussi une courroie de transmission, une passerelle, un pont. Du coup, c'est un « *go between* » qui doit parfois faire le « grand écart ».

Vous appartenez à deux « pyramides » : celle composée de vos « pairs » (les managers du même niveau que le vôtre) et de votre propre responsable hiérarchique, d'une part, celle que vous constituez avec l'équipe dont vous avez la responsabilité, d'autre part. Vous êtes une partie de la base de la première, le sommet de la seconde. Les membres de ces deux « pyramides » ont accès à des informations différentes et ont donc une représentation différente des mêmes réalités. Vous seul avez accès aux deux. Votre rôle consiste ainsi, non pas à uniformiser ces deux visions du monde, mais à les rendre cohérentes. Comment ? Au sein de la pyramide de « rang supérieur », vous exprimez le point de vue de vos collaborateurs le plus clairement possible, mais aussi les contraintes avec lesquelles ils doivent composer pour faire leur travail, les obstacles qu'ils doivent surmonter. Avec votre équipe, vous devez rendre intelligibles les messages « d'en haut », vous assurez que vos collaborateurs en aient connaissance, qu'ils les entendent. Il n'est pas forcément question qu'ils « adhèrent » à ces messages, mais au moins qu'ils les intègrent dans leur travail, qu'ils en tiennent compte, qu'ils ne fassent pas comme s'ils n'existaient pas.

Avec vos « pairs » et votre responsable hiérarchique, vous devez défendre les intérêts de vos collaborateurs. Avec ces derniers, c'est l'inverse : vous devez défendre des intérêts de « rang supérieur ». Vous êtes au confluent de deux logiques convergentes pour une partie, divergentes pour une autre. Parfois, vous vous trouvez écartelé entre des positions contradictoires, même s'il est souvent plus facile pour vous de tenir le rôle de managé que celui de manager. Dans tous les cas, vous devez prendre position, le plus souvent en arbitrant entre des objectifs seulement partiellement convergents.

La coordination externe est l'enjeu le plus politique du manager

Votre responsable hiérarchique n'est pas la seule personne extérieure à votre service avec laquelle vous êtes en relation. Votre service a des clients et des fournisseurs, internes ou externes à l'entreprise. Vous appartenez à des réseaux, eux aussi internes ou externes. Vous êtes redevable de résultats, mais aussi d'informations. Vous êtes en relation avec les directions fonctionnelles : le contrôleur de gestion, le responsable des ressources humaines, ... Au total, vis-à-vis de multiples acteurs, vous êtes un agent de liaison, le premier représentant de votre service, mais aussi son porte-parole et son défenseur. Tout ceci fait partie de votre rôle de manager. Ce n'est pas forcément le plus drôle, mais il peut vous prendre beaucoup de temps, surtout si votre entreprise est frappée de « réunionnite ».

Des cinq, la coordination avec l'extérieur est le rôle le plus politique. Pourquoi ? À cause de la partie divergente des objectifs. En conséquence, vous devez défendre les intérêts de votre service et, par-là-même, ceux de vos collaborateurs. Quand on les interroge sur leurs attentes vis-à-vis de leur manager, c'est une de leurs principales exigences. À chaque fois que leurs intérêts sont en jeu, vous devez être leur avocat, leur ambassadeur. De la répartition des enveloppes consacrées à la rémunération au mérite à l'attribution des budgets en passant par la localisation des bureaux, les situations de négociation sont nombreuses et variées. Le manager est un négociateur. Sa réussite passe par la constitution d'un réseau de « partenaires » dont il dépend pour produire des performances, un réseau qu'il doit donc « soigner ». Une grande partie de son temps est consacrée à rencontrer ses partenaires de manière formelle, mais surtout informelle.

Des rôles complémentaires, mais potentiellement antagonistes

Ces cinq rôles sont interdépendants, complémentaires et viennent se renforcer les uns les autres. Par exemple, il n'y a pas d'un côté le « *hard* » du pilotage et de l'autre le « *soft* » de l'animation. Pilotage et animation concernent la même réalité. Les indicateurs du tableau de bord influent sur les comportements de vos collaborateurs, eux-mêmes à l'origine des résultats de votre service. C'est la même chose entre le rôle « externe » et les rôles « internes ». Votre influence à l'extérieur du service renforce votre influence en son sein, et réciproquement. Plus vos collaborateurs ont confiance dans vos capacités à défendre leurs intérêts, plus ils accorderont de crédit à ce que vous leur demandez de faire. Inversement, plus votre « capital confiance » est grand auprès d'eux, plus votre responsable hiérarchique saura qu'il peut compter sur vous. Il aura donc tendance à vous déléguer davantage de choses.

Mais ces cinq rôles sont aussi potentiellement antagonistes. Nous l'avons déjà vu pour ce qui concerne la valorisation des ressources humaines et le développement des personnes. Par ailleurs, les rôles internes et le rôle externe sont au confluent de logiques convergentes pour une partie, divergentes pour une autre. Mais les raisons de l'antagonisme entre les rôles de management ne s'arrêtent pas là. Elles sont multiples. Le temps par exemple. Les rôles consomment tous le même carburant : votre temps. Cette ressource est rare. Elle n'est pas extensible à l'infini. Le temps que vous passez en réunions sur des projets « transverses », vous ne le passez pas « sur le terrain » avec vos collaborateurs. Là aussi, consciemment ou inconsciemment, vous arbitrez. Il vous faudrait bien plus de vingt-quatre heures par jour pour remplir complètement et correctement les cinq rôles de management. Le management est un travail sans fin, un puits sans fond. Il y a toujours quelque chose à faire. Du coup, vous parez au plus pressé, vous priorisez les urgences, gérez la pénurie de temps. C'est, comme nous l'avons vu précédemment, l'un des principaux problèmes que vous avez à résoudre.

Mais votre temps n'est pas seul en cause. Celui de vos collaborateurs l'est aussi. Vous avez récemment refusé pour la troisième fois la demande de votre collaborateur le plus précieux de se rendre à la formation en management organisée pour les « hauts potentiels » de votre entreprise. Pour quelle raison ? Un imprévu vient encore de « tomber ». Compte tenu de ses compétences, lui seul peut résoudre le problème. Pourtant, il aurait bien besoin de suivre cette formation, surtout depuis que vous avez décidé de lui confier de nouvelles responsabilités. Le court terme passe avant le moyen et le long terme. L'urgent avant l'important ?

À chaque manager sa combinaison de rôles

Vous obtenez des performances de la part de vos collaborateurs en tenant cinq rôles différents, mais complémentaires. Cependant, certains d'entre vous mettent plus l'accent sur le développement et l'animation que sur le pilotage. Pour d'autres, c'est le contraire, le pilotage prime. En outre, l'équilibre entre les rôles peut varier au fil du temps : « depuis l'arrivée du nouveau contrôleur de gestion qui vous demande toujours plus de chiffres sur votre activité, le temps que vous consacrez au pilotage a énormément augmenté. » L'accent que vous mettez sur tel ou tel rôle dépend de votre personnalité bien sûr, mais aussi du contexte dans lequel vous vous trouvez : la culture de votre entreprise, ses caractéristiques organisationnelles, …

Avec un collègue, avec votre adjoint, …, vous avez aussi peut-être décidé de vous partager le travail. Sur le terrain, vous animez l'équipe. Derrière son ordinateur, il assure l'essentiel du pilotage : à vous les relations humaines, à lui les chiffres ! Là encore, cela n'est pas anormal. Même si les manuels de management nous martèlent depuis de nombreuses décennies que tous les managers font la même chose, cela ne résiste pas longtemps à l'épreuve des faits. La division du travail n'existe pas uniquement dans le domaine de la production. On trouve aussi, ça et là, des formes de division du travail de management entre managers. Le management de certaines unités est bicéphale. Celui qui développe et anime d'un côté, celui qui pilote de l'autre ; celui qui s'occupe du « dedans » d'un côté, celui qui s'occupe du « dehors » de l'autre ; … Ailleurs, on trouve des formes de division du travail de management entre les opérationnels et les fonctionnels. Dans telle entreprise publique, les managers développent, animent et coordonnent. Le pilotage est assuré par un service dédié qui agit par délégation du directeur, seul responsable des performances économiques.

Le « système D », un atout du manager ?

Votre rôle de manager est une combinaison des cinq rôles de management. Pour que l'unité dont vous avez la responsabilité fonctionne, pour obtenir des performances, il n'est pas nécessaire que vous remplissiez ces cinq rôles à vous seul. Il faut simplement qu'ils soient remplis. Mais ils peuvent très bien l'être par des personnes différentes. Il ne faut pas prendre chaque manager pour le tout, chaque manager pour le management. Il faut bien dissocier les rôles de management et le rôle de chaque manager : le rôle de chaque manager est une combinaison de tout ou partie des cinq rôles de management. Il n'y a que le manager « idéal », celui qui n'existe que dans nos têtes, qui puisse jouer complètement et simultanément les cinq rôles de management à lui seul, d'où d'ailleurs la confusion entre managers et management dans les manuels et les formations. Le manager de la « vraie vie », lui, ne peut le plus souvent jouer qu'une partie de ces rôles. C'est en ce sens qu'il est imparfait, qu'il n'est pas « idéal ». Il lui faut alors s'arranger avec un ou plusieurs collègues pour que, malgré tout, les cinq rôles de management soient correctement tenus au niveau de l'unité dont il a la responsabilité. Il lui faut s'arranger pour pallier son imperfection. C'est d'ailleurs souvent en « bricolant » qu'il s'arrange pour que « ça fonctionne ». Le management est un art qui tient plus du bricolage que de la science. Le manager est souvent un champion du « système D ». Il y a un corollaire à tout cela : être manager, c'est accepter de donner à voir son imperfection, sa médiocrité. C'est renoncer à la perfection, accepter la déception et l'insatisfaction comme partis pris de l'action.

La division du travail de management est souvent la seule solution possible pour le manager de la « vraie vie ». Parfois faute de compétences, mais souvent par manque de temps, il ne peut à lui seul jouer correctement l'ensemble des rôles de management. Seul le manager « idéal » le peut. Mais le manager « idéal » est en dehors du temps. Il n'a donc pas de problème de temps. Quant à vous, vos journées ne sont pas extensibles à l'infini. « Vous manquez de temps pour exercer

votre fonction, allez donc vous former à la gestion du temps »
vous propose votre directeur des ressources humaines. Les
formations à la gestion du temps sont parmi les formations les
plus prisées par les managers. Elles correspondent à un véritable problème, mais n'y répondent que partiellement. En effet,
en vous organisant mieux, en gérant plus habilement votre
agenda, en apprenant à dire non aux « voleurs de temps », …,
vous gagnerez quelques heures par semaine. Mais, à coup sûr,
vous serez encore loin du compte. Du point de vue du temps
au moins, le management est une équation insoluble. La division du travail de management est une manière réaliste de
sortir de la quadrature du cercle. C'est d'ailleurs la solution
que vous adoptez dans la « vraie vie », même si personne ne
veut le reconnaître officiellement. Pourquoi ? Peut-être
n'est-elle pas suffisamment en phase avec l'idéologie du
manager « idéal » ? Une idéologie qui a la vie dure !

Les différents rôles du manager

Et vous, quel est votre rôle de manager ? De combien de
rôles de management est-il composé ? Un seul ? Si oui,
lequel ? Plusieurs ? Si oui, dans quelle proportion ? Beaucoup de pilotage et de valorisation, un peu de développement, d'animation et de coordination ? Là aussi, prenez
deux minutes pour lister l'ensemble des activités que vous
avez exécutées dans la journée, dans la semaine ou dans le
mois. De quels rôles de management relèvent-elles ? Faites
l'exercice le plus honnêtement possible. Vous serez sans
doute surpris du résultat. Comparez-le à votre fiche de poste
et observez la différence. Identifiez la ou les personnes qui

exécutent les activités de management que vous n'exécutez pas vous-même, mais qui figurent dans votre fiche de poste. Vous reconstituerez alors la division du travail de management propre à l'entité dont vous avez la responsabilité, à l'unité à laquelle vous appartenez. Cette division du travail ne pose pas de problème en soi, à condition bien sûr que le travail divisé soit coordonné. Plus la division du travail de management est importante, plus la coordination doit l'être.

Les formes de division du travail de management se multiplient. Pourquoi ? Compte tenu de la complexité croissante des entreprises, il y a souvent trop de travail pour une seule et même personne. Il manque fréquemment une vingt-cinquième heure à vos journées. Vous n'avez pas le temps de remplir complètement et correctement les cinq rôles de management à vous seul. Par ailleurs, vous ne possédez pas forcément l'ensemble des compétences nécessaires pour tout faire. Tout le monde ne peut pas être à la fois compositeur, parolier et interprète. Les meilleures formes de management à deux têtes sont de type « Yin et Yang ». Au sein du duo, aucun des deux acolytes n'est parfait, mais les forces du premier compensent les faiblesses du second, et réciproquement. Les « bons » partages tiennent plus à la chimie des hommes qu'aux lois mathématiques. Une règle cependant : pour une question de responsabilité, les tâches doivent être réparties entre les protagonistes avec le moins d'ambiguïté possible.

En définitive, le manager « idéal », celui qui remplit complètement et correctement les cinq rôles de management à lui seul, est une mosaïque de managers de la « vraie vie ». Il faut plusieurs managers de la « vraie vie », complémentaires entre eux, pour faire un manager « idéal ».

© Éditions d'Organisation

Style directif ou style convivial ?

Quelle que soit l'entreprise dans laquelle vous travaillez, l'unité sous votre responsabilité, vous exercez des activités qui relèvent d'une combinaison de chacun des cinq rôles de management, mais de manière différente, avec un style différent dit-on couramment. Votre rôle de manager est une combinaison de tout ou partie des cinq rôles de management. Votre style de management, c'est votre manière d'exercer votre rôle de manager. Il renvoie à votre vision du « monde management », à votre système de valeurs, de croyances et de comportements. Un style, c'est un « paradigme », c'est-à-dire un ensemble cohérent d'idées et de représentations concernant le management. En simplifiant, on peut caractériser et différencier les styles de management à partir du moyen mobilisé en priorité par le manager pour obtenir des performances de la part de ses collaborateurs. Chaque moyen est lié à une dimension différente de la relation managériale, elle-même associée à une conception particulière de ce que manager veut dire. Le moyen mobilisé en priorité par le manager pour obtenir des performances de ses collaborateurs est un point de cristallisation autour duquel s'organise une vision du « monde management » particulière, une sorte de nœud gordien. Le manager peut mobiliser trois moyens différents : son autorité, les sentiments positifs ou la négociation. En conséquence, on peut identifier trois styles de management différents : directif, convivial et contractuel. Le dernier, le style contractuel, est moins familier que les deux premiers. Nous lui réservons une place particulière.

Pas d'émotion, restons professionnels !

Les managers qui adoptent le style directif obtiennent des performances de leurs collaborateurs en mobilisant en priorité leur autorité. Ils pilotent leur service de manière très précise, ne laissent à leurs collaborateurs qu'un très faible degré d'autonomie et d'initiative. Le manager directif donne des instructions sur les activités à effectuer, mais également sur la manière de les réaliser. Il assure un suivi régulier en « marquant ses collaborateurs à la culotte ». Comment ? Grâce à son autorité ! Si vous êtes un manager directif, vos collaborateurs vous trouvent très rassurant, sécurisant. Vous savez ce que vous voulez, prenez des décisions, assumez vos responsabilités, êtes à l'aise dans votre rôle de « chef ». Vous ne vous sentez pas menacé par les autres, vous n'avez pas trop de choses à vous reprocher. Du coup, vous exercez votre autorité sans culpabilité. On vous a nommé à un poste de management, on vous a alloué une autorité attachée à votre fonction, vous l'utilisez sans problème. Quand l'un de vos collaborateurs vous exprime son désaccord, vous n'avez pas forcément le sentiment qu'il remet en cause votre autorité. Vous incarnez la règle, la loi. Vous autorisez et vous protégez. Avec vous, « on n'est pas là pour rigoler », mais on ne perd pas son temps. Vous êtes rapide, efficient, et vous allez droit au but.

Les relations que le manager directif entretient avec ses collaborateurs sont réduites au minimum : celles imposées par le travail à faire réaliser et à contrôler, c'est-à-dire la transmission des ordres et des consignes. Vous êtes en relation avec eux pour leur transmettre des informations, leur signaler des changements ou encore pour qu'ils vous rendent compte de l'état d'avancement de leur travail. Mais cela ne va pas plus loin ! Si vous êtes un manager directif, vous laissez volontairement une certaine distance entre vos collaborateurs et vous. La communication ne se fait que dans un sens : de vous à eux. En fait, vous ne communiquez pas, vous informez. Les réunions de service, quand vous en tenez, vous servent avant tout à informer vos collaborateurs.

Pour le manager directif, le « bâton » et la « carotte » sont deux leviers essentiels pour obtenir des performances. L'entretien annuel est un bon moyen de cadrer puis de contrôler le travail de ses collaborateurs. Là aussi vous rassurez : les objectifs sont clairs et précis, vos collaborateurs savent où ils vont. Pour vous, l'argent est le principal facteur de motivation au travail, et donc la rémunération le « nerf de la guerre ». Pour motiver vos collaborateurs, vous utilisez les récompenses auxquelles vous donne accès votre autorité. Vous utilisez ces récompenses, mais elles seules. « Mon enveloppe d'augmentations individuelles est trop réduite pour que je puisse véritablement motiver mes collaborateurs » : voilà typiquement une réflexion de manager directif.

Le pouvoir[1] est relation, l'autorité est statut

Le pouvoir n'est pas un bien accumulable qu'on utilise à certains moments. C'est l'un des aspects d'une relation entre deux personnes. L'autre aspect du pouvoir est la dépendance. Il n'y a en fait qu'un seul mécanisme symétrique pouvoir/dépendance dans une situation donnée de relation. A a du pouvoir sur B car B dépend de A. Si B ne dépend d'aucune manière de vous, vous n'avez aucun pouvoir sur lui. Dès que B dépend de vous pour atteindre ses objectifs, vous avez du pouvoir sur lui. Le pouvoir, c'est l'inverse de la dépendance. Vous avez du pouvoir parce que vous détenez quelque chose dont les autres ont besoin, qui vous permet d'agir sur leurs comportements et/ou d'accroître votre influence au sein de l'entreprise. En revanche, vous dépendez des autres parce qu'ils détiennent quelque chose dont vous avez besoin, ce qui leur permet d'agir sur votre comportement. Il ne faut pas confondre l'autorité et le pouvoir. Le pouvoir est relation, l'autorité est statut. L'autorité, c'est du pouvoir légitime. Plus exactement, l'autorité donne accès à des sources légitimes de pouvoir comme la sanction, la récompense ou encore le contrôle des moyens matériels (équipement, finance) ou immatériels (information). Or, toutes les sources de pouvoir ne sont pas légitimes. Posséder une information peut vous donner du pouvoir. Si les autres en ont besoin, ils dépendent de vous. Le moyen par lequel vous vous l'êtes procuré n'est pas légitime pour

---

1. Si vous souhaitez en savoir davantage sur la notion de pouvoir, vous pouvez consulter l'ouvrage de Pierre MORIN et Éric DELAVALLÉE, *Le manager à l'écoute du sociologue*, Éditions d'Organisation, 2000.

.../...

autant. Vous pouvez contrôler ce que les sociologues des organisations appellent une « zone d'incertitude », c'est-à-dire l'une des zones qui n'est pas précisément définie et délimitée au sein de l'entreprise. Dans toute entreprise, aussi formalisée soit-elle, il reste toujours des terres inconnues. Celui qui maîtrise, même partiellement, une zone d'incertitude, importante pour le fonctionnement de l'entreprise, est en quelque sorte irremplaçable. Il réussit alors à créer une dépendance des autres à son égard. Face cachée des ressources légitimes de pouvoir, les zones d'incertitude prennent souvent appui sur des informations « non officielles », celles qui ne passent pas par les canaux traditionnels, ou des compétences « implicites » dont les titulaires refusent toute formalisation, celles qui ne figurent donc pas dans les référentiels, celles qu'on acquiert par la pratique, pas en formation.

On peut être directif et humaniste. Le manager directif peut être très humain, très respectueux de ses collaborateurs. Mais pour lui, les émotions sont étrangères au travail. C'est un choix de sa part. Le travail et le plaisir sont deux choses différentes, deux choses qui n'ont rien à voir l'une avec l'autre. « Pas d'émotion, restons professionnel ! » est l'un de ses principaux leitmotiv.

Cependant, certains managers directifs peuvent confondre autorité et autoritarisme, management et administration. Il n'y a que les choses qu'on administre. Or, vos collaborateurs ne sont pas des objets. Certains managers directifs oublient parfois que derrière les chiffres des tableaux de bord, il y a des individus. Être directif ne veut pas dire être autocrate, dominer et écraser les autres, abuser de son pouvoir. Vous ne pilotez pas une machine, vous êtes à la tête d'une équipe. Certains managers directifs, à force de se concentrer uniquement sur les rouages, finissent par oublier l'huile. Il n'y a plus de demi-mesure : « ça passe ou ça casse ». Ils peuvent toujours avoir une longueur d'avance sur leurs collaborateurs, être clairvoyants et avoir toujours raison sur les choses à faire. Mais en management, il ne sert à rien d'avoir raison tout seul. Les résultats sont obtenus par le travail de vos collaborateurs. Vous avez besoin d'eux.

En conclusion, il y a des personnes à qui il vaut mieux ne pas donner d'autorité formelle : les personnalités dites « autoritaires ». Le problème, c'est qu'on s'en aperçoit seulement après l'avoir fait. C'est la situation qui révèle le problème. Or, souvent, il est trop tard.

Le cœur a ses raisons que la raison ignore

La relation de management est une relation d'autorité. C'est aussi une relation entre deux personnes qui ne laissent pas leurs sentiments au vestiaire avant de venir travailler le matin. La relation de management est aussi une relation affective. À ce niveau-là, vous obtenez des performances de la part de vos collaborateurs non par l'autorité, mais par les sentiments positifs. Si c'est le cas, on dira que votre style de management est convivial.

Pour ceux qui l'adoptent, les relations humaines passent au premier plan. Pour le manager convivial, moins qu'un ensemble de tâches, le management est d'abord un ensemble de contacts humains. Le manager convivial obtient des performances de ses collaborateurs en cherchant à satisfaire leurs aspirations. Il s'assure qu'ils obtiennent ce qu'ils désirent en étant convaincu que des personnes dévouées agissent sans contrainte. Du plaisir plus que de la contrainte, du rêve plus que de la sécurité. Le manager convivial valorise les ressources humaines, mais en accordant à ses collaborateurs une large délégation fondée sur la confiance. Les objectifs qu'il fixe, quand il en fixe, ne sont surtout pas trop précis. Cela pourrait brider la créativité et l'esprit d'initiative de ses collaborateurs.

À chaque fois qu'il le peut, le manager convivial enrichit les situations de travail de ses collaborateurs pour leur permettre de s'épanouir au travail. Le développement et l'animation sont au cœur de son activité. Il donne aussi souvent que possible des marques d'attention et des signes de reconnaissance. Il utilise le compliment plutôt que les reproches, gère les émotions et les états d'âme. Pour vous, manager convivial, c'est avant toute chose les sentiments qui font agir. Il n'y a pas de grandes réalisations sans passion. Vous accordez beaucoup d'attention aux relations, en particulier aux relations informelles. Les discussions à « bâtons rompus » ne sont jamais des pertes de temps, mais, au contraire, d'excellents moyens de mettre de la convivialité et de la chaleur dans le travail.

La motivation[1] : un petit moteur intérieur

Il y a quelques décennies, la notion de motivation était l'apanage de quelques psychologues. Son succès dans les manuels de marketing, de management et de gestion des ressources humaines a abouti à en faire des applications simplificatrices. Le mot « motivé » se trouve aujourd'hui employé à tout bout de champ. On l'utilise même parfois pour différencier les personnes entre elles : les motivées d'un côté, les non motivées de l'autre. Cela ne dit que la moitié des choses.

Nous ne sommes pas motivés dans l'absolu, en toutes circonstances et indépendamment du contexte dans lequel nous nous trouvons. Nous sommes motivés par quelque chose. Tout le monde est motivé, mais nous ne sommes pas tous motivés par la même chose. Étymologiquement, motivation se rattache à motif : ce qui pousse à faire quelque chose. La motivation est le « petit moteur » que nous avons tous en nous. Un « petit moteur » intérieur que nous avons tous, mais que nous n'alimentons pas forcément avec le même type de carburants. C'est la satisfaction de besoins qui nous pousse à agir : besoins de sécurité, d'estime, de reconnaissance, de réalisation de soi, … Tout le monde cherche à satisfaire ses besoins. Mais les besoins des uns ne sont pas les besoins des autres.

Par son comportement, par sa manière d'aménager les situations de travail, le manager donne ou ne donne pas à ses collaborateurs la possibilité de satisfaire un certain nombre de leurs besoins à travers leur travail.

---

1. Pour en savoir davantage sur la notion de motivation, vous pouvez consulter l'ouvrage de Pierre Morin et Éric Delavallée, *op. cité*.

.../...

Contrairement à ce qu'on pourrait penser a priori, la motivation n'est pas l'apanage du manager convivial. La motivation n'est pas une notion étrangère au manager directif. Mais managers directifs et conviviaux ne motivent pas de la même manière. À travers des comportements « empathiques », le manager convivial s'attache à donner à ses collaborateurs l'occasion de satisfaire des besoins d'estime ou de reconnaissance. En rassurant, en utilisant les récompenses monétaires, le manager directif situe son action plutôt au niveau des besoins de sécurité.

Le manager convivial se présente comme une personne. Il affiche ses sentiments, éventuellement montre ses faiblesses, donne de lui-même, se lie à ses collaborateurs. Le manager convivial cherche à bonifier ses collaborateurs. Il souhaite être un miroir qui réfléchit une image flatteuse. En s'identifiant à lui, ses collaborateurs auront le sentiment de réussir par procuration, ou même de régler certains problèmes personnels. Si ce style correspond au vôtre, vous savez qu'il exige une grande empathie, c'est-à-dire une importante capacité à se mettre à la place de l'autre. En échange, vous attendez de vous faire accepter, d'être aimé par vos collaborateurs. Leur avis compte beaucoup pour vous : leur avis sur le travail et la manière de le réaliser, mais aussi leur avis sur ce qu'ils pensent de vous en tant que personne. Le manager convivial attache donc une grande importance aux bons rapports personnels. Il veut passer pour un « chic type ». Pour éviter d'être rejeté, le manager convivial évite de rejeter. Il accepte les idées de ses collaborateurs au lieu d'imposer les siennes et refuse tout conflit. « Le cœur a ses raisons que la raison ignore » est l'un de ses principaux leitmotiv.

Comme le style directif, le style convivial a des limites. Certains managers conviviaux ne font pas de différences entre être respecté et être aimé, entre établir des relations de confiance et établir des relations amicales. Ils cherchent à l'intérieur de l'entreprise ce qu'ils ne réussissent pas à trouver à l'extérieur. Trop affectifs, ces managers tombent facilement dans quelques travers. Ils divisent souvent le monde en deux : les bons d'un côté, les méchants de l'autre. Entendez ceux qui les aiment et ceux qui ne les aiment pas. Ils cataloguent très rapidement leurs collaborateurs : untel est comme ceci, untel comme cela. Une fois catalogué, il est difficile de changer de camp. Ce sont des écorchés vifs qui ont peur de ne pas être à la hauteur. Leur besoin de reconnaissance est sans limite. Ils critiquent beaucoup les autres. Si un problème survient, ce n'est bien sûr jamais de leur faute. Par ailleurs, ils n'ont souvent pas beaucoup de scrupules à s'approprier le travail de leurs collaborateurs pour récolter les honneurs à leur place.

Le style contractuel

Chaque style de management est ancré sur une conception différente de l'individu au travail qui renvoie elle-même à une vision particulière du « monde management ». Dans la vision du monde du manager directif, l'individu ne travaille pas de lui-même par plaisir. Pour obtenir des performances de sa part, il faut le suivre de près en contrôlant ce qu'il fait. Pour qu'il travaille, il faut le faire travailler. Pour qu'il travaille correctement, il faut vérifier qu'il fait bien ce qu'on lui a demandé de faire. Pour le manager convivial, au contraire, le travail, source de motivation, est épanouissant, il permet à l'individu de se réaliser. Le but du management consiste ainsi à rendre sa situation de travail la plus motivante possible, à lui donner la possibilité de satisfaire des besoins psychologiques comme l'estime et la réalisation de soi. La conception de l'individu du manager contractuel est encore différente. Pour lui, avant toute chose, l'individu est calculateur et intéressé. Il poursuit son propre intérêt, intérêt pas toujours convergent de celui de ses collègues, de son responsable hiérarchique. Au travail, l'individu cherche à maximiser les avantages et à minimiser les inconvénients.

La relation de management est une relation d'autorité, une relation affective, mais aussi une relation d'échange entre deux individus intéressés. Les managers contractuels obtiennent des performances par un autre moyen que l'autorité ou les sentiments : la négociation. Trois postulats structurent le « paradigme » contractuel :

- vos collaborateurs et vous êtes rationnels, mais vos rationalités sont limitées ;
- pour obtenir des performances de vos collaborateurs, vous agissez sur leur situation de travail plutôt que sur leurs dispositions personnelles ;
- la relation de pouvoir entre vos collaborateurs et vous n'est pas univoque, mais réciproque.

Détaillons succinctement chacun de ces postulats.

Rationalité du manager, rationalité de ses collaborateurs

Tout comportement est toujours rationnel pour celui qui l'adopte. Pourquoi ? Parce que se comporter comme le fait votre collaborateur est, de son point de vue, ce qu'il a de mieux à faire. Qualifier un comportement d'absurde, c'est simplement admettre qu'on n'arrive pas à reconstituer la rationalité de son auteur. À cet égard, la distinction entre comportement raisonnable et rationnel est très utile. Lorsque vous jugez le comportement irrationnel de l'un de vos collaborateurs, vous devriez en fait le qualifier de non raisonnable : il ne partage pas la même rationalité que vous. Si vous êtes un manager contractuel, voilà l'une des hypothèses qui façonnent le plus profondément votre vision du monde.

Les rationalités[1] sont limitées

Ici, le qualificatif rationnel ne rend pas compte des comportements théoriques du micro-économiste (ce que votre collaborateur aurait dû faire pour optimiser les moyens aux fins), mais plutôt de comportements réels, observables, ... ceux que votre collaborateur adopte, non pas en laboratoire et dans l'absolu, mais dans sa vie de tous les jours, face à des situations concrètes et particulières. Cette rationalité est limitée. Vos collaborateurs et vous êtes rationnels dans la mesure où les comportements que vous adoptez sont votre solution au problème induit par la situation dans laquelle vous vous trouvez. Mais votre rationalité est limitée parce que vous n'êtes pas des « optimisateurs ». Vous êtes dans l'incapacité, d'une part, de rechercher exhaustivement l'ensemble des solutions possibles au problème posé par la situation et, d'autre part, d'évaluer chacune d'elles et de sélectionner la meilleure.

En fait, dans une situation particulière, vous repérez un certain nombre de solutions envisageables, le plus souvent en puisant dans votre expérience de situations similaires, et sélectionnez la première solution satisfaisante à vos yeux. Ce faisant, vos comportements sont rationnels parce que vous recherchez la réalisation d'objectifs en utilisant au mieux les moyens à votre disposition. Votre rationalité est limitée, non par choix de votre part, mais parce que le contexte de vos décisions est imparfait, notamment incertain.

---

1. On doit la notion de rationalité limitée à Herbert Simon, prix Nobel d'économie en 1978. Pour en savoir davantage sur cette notion, vous pouvez consulter l'ouvrage de Pierre MORIN et Éric DELAVALLÉE, *op. cité*.

Votre rationalité et celle de vos collaborateurs ne se superposent que partiellement. Pourquoi ? Parce que vous agissez selon le modèle de la rationalité limitée (voir l'encadré ci-dessus), c'est-à-dire percevez une même situation de manière différente et adoptez des solutions seulement satisfaisantes et non optimales. Votre rationalité et celle de vos collaborateurs sont convergentes pour une partie, divergentes pour une autre. Il n'y a pas de vérité transcendante qui s'impose à tous, mais seulement des réalités qui ne coïncident que partiellement. Pour cette raison au moins, selon le manager contractuel, le management consiste à trouver des compromis entre des intérêts divergents, entre des représentations différentes : les vôtres, d'une part, celles de vos collaborateurs, d'autre part.

La situation de travail : une variable d'action

Votre comportement et celui de vos collaborateurs s'expliquent à la fois par vos dispositions individuelles (mentales, cognitives, affectives, psychiques, …) et la situation dans laquelle vous vous trouvez au moment où vous l'adoptez (règles formelles et informelles, nature de vos relations, accès à l'information, …). Si vous êtes un manager contractuel, sans nier les dispositions de vos collaborateurs, vous cherchez à comprendre leurs comportements en prenant leur situation de travail comme porte d'entrée. Pourquoi ? Votre principale fonction consiste à obtenir de leur part des comportements convergents (ou le moins divergents possible) aux objectifs de votre service. Or, on ne change pas les individus. Pour vous, les dispositions de vos collaborateurs, en particulier leurs dispositions psychiques, sont des données. Vous devez faire avec. Il ne s'agit pas de les faire évoluer, voire les changer, en vous prenant pour un thérapeute. Cela ne veut pas dire qu'elles ne peuvent pas évoluer. Cela veut simplement dire que c'est quelque chose sur lequel vous n'avez pas prise ou très peu. En revanche, leur situation de travail, second facteur explicatif de leurs comportements, est une variable d'action. Pour obtenir de leur part des comportements qu'ils n'adopteraient pas spontanément, vous pouvez, en fonction de la marge de manœuvre dont vous disposez, modifier leur situation de travail. Vous ne motivez pas vos collaborateurs, vous cherchez à rendre leur situation de travail plus motivante. Le manager contractuel se préoccupe aussi de la motivation de ses collaborateurs, mais pas de la même manière que le manager convivial ou directif (voir encadré, p. 60). Le manager peut changer de collaborateurs, mais il ne peut pas changer ses collaborateurs. En revanche, en modifiant leur situation de travail, il peut faire mieux avec ce qu'ils sont, il peut les aider à se réaliser, tirer le meilleur de leur potentialité pour maximiser la performance.

La relation de management est aussi une relation d'échange : des contributions contre des rétributions. Vous attendez de la part de vos collaborateurs des performances, c'est-à-dire une contribution aux objectifs de votre service. Pour vos collaborateurs, cette contribution se traduit par un certain nombre d'avantages (liés par exemple à l'intérêt du travail), mais également par un certain nombre d'inconvénients (liés par exemple à la faible marge d'autonomie dont ils disposent et aux contrôles tatillons dont ils sont l'objet). Quand les avantages l'emportent sur les inconvénients, cela va tout seul. Mais ce n'est pas toujours le cas, loin s'en faut. Alors, en échange, c'est-à-dire comme contrepartie ou compensation aux inconvénients, il faut leur offrir des rétributions matérielles (rémunération, avantages en nature, …) ou immatérielles (autonomie, responsabilités, …). Bref, des avantages qui viennent s'ajouter à ceux liés à la contribution attendue de leur part, des avantages qui compenseront les inconvénients.

Le pouvoir, c'est l'inverse de la dépendance

Le pouvoir est encore trop souvent associé exclusivement à l'autorité. L'autorité, c'est du pouvoir légitime. Plus exactement, l'autorité donne accès à certaines sources de pouvoir ; celles qu'on qualifie couramment « d'officielles » (sanction, récompense, contrôle des moyens matériels ou immatériels). Mais ce ne sont pas les seules. Il y a aussi des sources de pouvoir non légitimes que les sociologues des organisations appellent des « zones d'incertitude » (voir encadré, p. 56). Par exemple, la détention d'informations « non officielles » ou la possession de compétences « implicites » sont des ressources de pouvoir non légitimes, mais néanmoins souvent essentielles. Vos collaborateurs, seuls à posséder une information ou une compétence importante pour le fonctionnement de l'entreprise ou de votre service, possèdent un grand pouvoir. Les autres dépendent d'eux pour atteindre leurs objectifs, voire simplement pour réaliser leur travail quotidien. Plus cette information ou cette compétence est discriminante pour l'entreprise, plus le pouvoir de ceux qui la possèdent est important.

La prise en compte des sources de pouvoir non légitimes permet d'expliquer pourquoi, dans certaines circonstances, vos collaborateurs possèdent du pouvoir sur vous. Un exemple ! Un jeune arrive au sein du service comptable que vous managez depuis déjà quelques années. Au départ, il est quasiment substituable. La preuve, vous avez hésité longuement entre plusieurs candidats de valeur équivalente au moment de son recrutement. D'emblée, le jeune accepte beaucoup de votre part. Son pouvoir est faible. Il se plie en quatre pour satisfaire vos attentes. Au fur et à mesure du développement de ses compétences, de sa professionnalisation, il devient de moins en moins substituable. Ses compétences lui permettent d'apporter des réponses à des problèmes comptables complexes qu'il est, dans certains cas, seul à pouvoir résoudre. Il est par exemple seul à maîtriser dans le détail l'application d'enregistrement des factures du nouveau logiciel, sur lequel vous n'avez pas encore eu le temps de vous former. Lui l'a tellement utilisée qu'il connaît tous les cas particuliers.

Pour gagner du temps, il a même fait quelques développements spécifiques que personne d'autre ne comprend. Vous avez de plus en plus besoin de lui pour faire tourner votre service au quotidien. Parallèlement, il accepte de moins en moins de choses de votre part et devient de plus en plus exigeant sur les contreparties à sa contribution.

Son pouvoir grandit et la relation de dépendance à votre égard devient une véritable relation d'interdépendance. Pour finir, malgré des souhaits répétés de mobilité de sa part, vous faites tout pour le retenir et l'empêcher de changer de poste. Il s'est rendu indispensable à vos yeux. Son pouvoir et sa capacité de négociation sont devenus considérables.

Le contrat managérial reste très implicite

Dans la conception du monde du manager contractuel, la relation de pouvoir entre ses collaborateurs et lui est largement réciproque. Pour lui, la relation de management est d'abord une relation de négociation. Parce que vos intérêts sont partiellement divergents de ceux de vos collaborateurs et parce que votre pouvoir n'est souvent pas suffisant pour leur imposer vos choix, vous devez négocier des contributions en offrant des contreparties. Les termes de l'échange constituent les bases d'un contrat entre vos collaborateurs et vous, contrat que vous pourrez expliciter pour une partie (par exemple, lors de l'entretien annuel), mais qui restera aussi largement implicite pour une autre.

En conclusion, vous êtes un manager contractuel si, au moment de l'entretien annuel, vous négociez avec vos collaborateurs : des objectifs, des moyens matériels, du temps, … Vous êtes un manager contractuel, si vous estimez que vos collaborateurs s'investissent d'autant plus dans leur travail qu'ils voient ce qu'ils ont à y gagner, si vous estimez que vous devez leur offrir des contreparties

et des compensations aux efforts que vous leur demandez, …
Vous ne cherchez pas coûte que coûte à éviter les tensions au sein de votre service. De votre point de vue, le
conflit fait partie de la vie normale d'un groupe. Vous
tirez votre légitimité de votre capacité à négocier et à
trouver toute une série de petits arrangements jamais défi-
nitivement acquis. Les managers contractuels se perçoivent comme des facilitateurs. Vous « facilitez » les
processus en évaluant les intérêts en conflit, en prévoyant
le moment où les divergences risquent de faire surface et
en tâchant de réduire les tensions. D'un côté, vous tran-
sigez et vous négociez. De l'autre, vous récompensez,
encouragez ou sanctionnez, selon les cas.

Comme les deux autres, le style contractuel a des limites.
Certains managers contractuels peuvent n'être que de
« beaux parleurs ». S'ils ne tiennent pas leurs engagements, leurs collaborateurs s'en apercevront rapidement.
« Un marché de dupe ! De la poudre aux yeux ! » Voilà
comment réagiront leurs collaborateurs. Ils auront peut-
être obtenu ce qu'ils souhaitent dans l'immédiat, mais ils
auront dégradé la relation de confiance sur le moyen et le
long terme. Elle sera difficile, voire impossible, à reconstruire. Ils s'apercevront rapidement que souvent « le jeu
n'en vaut pas la chandelle ». Certains managers contractuels peuvent aussi se transformer en marchands de tapis.
Ils passent leur temps à négocier pour un rien. Ils érigent
la négociation en dogme. Rien n'est gratuit : « Il doit
bien rester du grain à moudre quelque part », pensent-ils.
Finalement, ils passent plus de temps à négocier qu'à agir.
La négociation devient une fin, pas un moyen. Souvent,

c'est une manière de fuir leurs responsabilités. Pour d'autres, tout est politique. Pour réussir, il faut être un fin stratège. « Je marche toujours sur des œufs ; il faut faire attention à ce que je dis, à la manière dont je le dis, …, cela pourrait facilement se retourner contre moi ; dans une note, chaque mot compte, les écrits restent, les managers passent ». Ces managers passent plus de temps à analyser les enjeux des situations qu'à agir. À force de chercher à se couvrir pour éviter de se mettre en porte-à-faux, ils finissent par ne plus prendre aucune décision.

Un style psychologiquement exigeant

Le style contractuel vous est moins familier que les styles directif et convivial ? C'est normal ! Les cultures d'entreprise y sont moins favorables. Elles sont cependant en évolution. Nous y reviendrons plus longuement dans la dernière partie de cet ouvrage. Mais il y a une autre raison à cela. Son « coût » psychologique est plus important. Manager contractuellement nécessite une bonne dose d'intelligence émotionnelle (voir l'encadré ci-dessous), c'est-à-dire un minimum de clairvoyance sur soi-même et une certaine maîtrise de ses émotions.

Les émotions : une source d'intelligence

L'intelligence émotionnelle[1] désigne à la fois notre capacité à accéder aux sentiments (les nôtres et ceux des autres) et notre capacité à les gérer, notamment dans les situations d'interaction avec autrui. Cette forme d'intelligence diffère de l'intelligence intellectuelle mesurée par le QI. Certaines personnes possèdent beaucoup de la première moins de la seconde, et inversement. Ces deux formes d'intelligence se complètent. Elles ne sont pas étanches, interagissent l'une avec l'autre sans pour autant se compenser. Elles se développent de manière spécifique, traduisent l'activité de zones cérébrales différentes.

L'intelligence émotionnelle se manifeste en particulier à travers trois capacités :

• la conscience de soi, c'est-à-dire la capacité à s'écouter et, quand on le fait, à entendre quelque chose. Il s'agit de notre capacité à suffisamment pratiquer notre propre introspection, pour avoir une image réaliste de nous-même, c'est-à-dire pas trop décalée par rapport à la manière dont les autres nous perçoivent ;

• l'empathie. Il ne s'agit plus là de la connaissance de soi, mais de la connaissance des autres, notamment de notre capacité à nous mettre à la place de l'autre et à éprouver ses sentiments et ses émotions ;

• la maîtrise de nos émotions, à savoir la capacité d'utiliser nos émotions pour décider, interagir, …, sans se laisser déborder par elles. En d'autres termes, il s'agit de la capacité à faire de nos émotions un allié plutôt qu'un ennemi.

---

1. Si vous souhaitez en savoir davantage sur la notion d'intelligence émotionnelle, vous pouvez consulter l'ouvrage de Daniel GOLEMAN, *L'intelligence émotionnelle*, éd. Robert Laffont, 1997.

.../...

Ces trois capacités ne sont pas indépendantes les unes des autres. Pour maîtriser ses émotions, il faut pouvoir y accéder et être capable de ressentir ce qui se joue émotionnellement dans la relation à l'autre. Inversement, pour se connaître et être capable de se mettre à la place de l'autre, il faut maîtriser un minimum ses émotions, ne pas être trop handicapé par cette partie là de soi-même.

La dimension contractuelle est plus exigeante psychologiquement que les deux autres. Pourquoi ? D'abord, elle exige que vous trouviez la bonne distance à l'autre. Recourir à l'autorité, c'est en général un moyen de se protéger de la charge émotionnelle de la relation managériale. Les managers directifs sont souvent de grands émotifs qui savent pouvoir être facilement envahis par leurs émotions. Du coup, ils préfèrent les laisser de côté, en faire abstraction, faire comme si elles n'avaient rien à voir avec le travail. Quand on actionne uniquement son autorité pour manager, on le fait souvent en grande partie faute de pouvoir faire autrement. C'est une carapace qui cache parfois un manque de colonne vertébrale. À l'opposé, la dimension affective s'exerce dans le cadre d'une grande proximité avec ses collaborateurs, parfois même une promiscuité. Le risque est d'en devenir prisonnier. Le manager directif est très loin, le manager affectif tout près. En terme de distance à l'autre, le manager contractuel est entre les deux. Certains managers passent alternativement de l'autorité à l'affectif sans jamais arriver à se fixer sur la dimension contractuelle.

Ensuite, la relation managériale ne peut devenir véritablement contractuelle qu'à condition qu'elle s'établisse entre deux adultes. Or, cela n'est pas toujours le cas. Les comportements que vous adoptez aujourd'hui peuvent être des comportements adultes, c'est-à-dire des comportements que vous adoptez directement en réaction à la situation dans laquelle vous vous trouvez actuellement. Mais ils peuvent aussi être des reproductions, voire répétitions, non conscientes de vos comportements d'enfant ou des comportements copiés de ceux que vos parents adoptaient quand vous étiez enfant. Si, dans une situation donnée, vous vous comportez systématiquement en « parent », vous avez de fortes chances d'obtenir un comportement « enfant » de la part du collaborateur à qui vous vous adressez. Inversement, si vous vous comportez systématiquement en « enfant » fébrile, il risque de vouloir vous protéger et de se comporter en « parent ». Dans tous ces cas de figure, la relation contractuelle entre vous deux sera difficile. Vous mobilisez facilement votre autorité en vous comportant comme votre père quand vous rameniez une mauvaise note de l'école. Vous vous positionnez aisément sur la dimension affective quand vous allez livrer vos états d'âme dans le bureau de votre collaborateur en face du vôtre, quand vous avez besoin de vous plaindre de votre triste sort de manager. Concernant la dimension contractuelle, il faut vous comporter en adulte. Il faut aussi amener vos collaborateurs à en faire autant. Ce style de management est psychologiquement exigeant pour vous, mais aussi pour vos collaborateurs. Vous ne pouvez pas l'adopter avec n'importe qui.

Pour dire les choses autrement : vous positionner sur la dimension contractuelle nécessite que vous respectiez vos collaborateurs comme des autres vous-mêmes. Cela exige de votre part une certaine bienveillance vous permettant d'être craint sans être redouté, d'être « paternel » sans être paternaliste, de faire preuve d'autorité sans être autoritaire, … Pour cela, la relation avec vos collaborateurs ne peut pas avoir simplement pour but de les posséder, voire les séduire, et encore moins de tout ramener constamment à vous-même. Au total, le management contractuel exige des managers et des collaborateurs « sages », c'est-à-dire des adultes accomplis, autonomes, qui respectent profondément la personnalité des êtres avec lesquels ils travaillent. Dans la « vraie vie », c'est parfois le cas, mais pas toujours.

Le management, ça dépend

Votre style de management, c'est votre vision du « monde management ». Il est façonné par votre personnalité, mais aussi par la culture managériale de l'entreprise dans laquelle vous exercez vos fonctions. Au sein de la même entreprise, les managers n'ont pas tous le même style. Mais il y a une certaine homogénéité de styles, certains points communs. Dans telle entreprise, la culture managériale est contractuelle, dans telle autre, elle est au contraire plutôt conviviale. Votre style doit « coller » avec la culture managériale de votre entreprise. Vous êtes le produit de votre histoire personnelle, mais aussi celui de votre environnement. Votre style de management ne peut pas être trop fortement incohérent avec la culture managériale de votre entreprise. Faute de quoi vous devenez un déviant, quelqu'un qui va à contre-courant. C'est possible, mais vous devez être capable d'assumer ce statut. Cela ne comporte pas que des avantages.

La souplesse, un autre atout du manager

Votre style se caractérise par le moyen que vous mobilisez en priorité pour obtenir des performances de vos collaborateurs, la dimension de la relation managériale sur laquelle vous vous positionnez le plus volontiers, le plus naturellement et spontanément, avec le plus d'appétence et de compétence. Cependant, en fonction des situations, du profil de vos collaborateurs, des moments, …, cela ne vous empêche pas de mobiliser d'autres moyens, de vous positionner aussi sur d'autres dimensions de la relation managériale, d'adopter d'autres comportements managériaux. Vous n'êtes l'esclave ni de votre style de management, ni de la culture managériale de votre entreprise, en tout cas beaucoup moins que ce que certains ouvrages ont voulu vous le faire croire.

Les problèmes que vous avez à résoudre, les décisions que vous avez à prendre, sont extrêmement variés. Bon gré mal gré, vous vous adaptez en adoptant des comportements différents : contractuels dans certaines situations, conviviaux dans d'autres ; directifs avec certains collaborateurs, contractuels avec d'autres. Vous mobilisez des moyens différents en fonction des situations auxquelles vous avez à faire face. Chaque manager a un style de management qui lui est propre. En même temps, chaque manager mobilise chacun des trois moyens : autorité, sentiments et négociation. Le manager « idéal », celui des manuels de management, n'a pas de style ou, ce qui revient au même, a tous les styles à la fois. Il est directif, convivial et contractuel et, en même temps, rien de tout cela. Il est donc adaptable à merci. C'est un manager passe-partout et, en même temps, un manager « sans odeur ni saveur », un manager sur « papier glacé ».

Style de management ou culture managériale[1] ?

La culture d'entreprise est un ensemble de valeurs, croyances et normes de comportement évidentes pour et partagées par les salariés d'une entreprise. Elles se manifestent par des productions matérielles et symboliques. Elles sont construites tout au long de l'histoire de l'entreprise. La culture d'entreprise est composée de valeurs (ce qui est bien, ce qui est mal), de croyances (ce qui est vrai, ce qui est faux) et de normes de comportement, c'est-à-dire de règles qui régissent la conduite des individus au sein de l'entreprise. Ces composantes de la culture ont toutes une caractéristique commune : elles sont évidentes. Elles se justifient peu et sont considérées comme des acquis que l'on ne remet pas en cause. Ce faisant, on finit par les oublier, ne plus les voir, et on n'a souvent pas idée de les discuter.

La culture managériale est une partie de la culture d'entreprise, la partie qui regroupe les évidences concernant la relation managériale. Votre style de management, c'est votre vision du « monde management ». La culture managériale de votre entreprise, c'est sa représentation du « monde management » à elle, partagée en son sein, construite tout au long de son histoire. Le style de management est individuel, la culture managériale collective. La culture managériale est fréquemment marquée par quelques personnages clés, les managers qui restent dans l'imaginaire collectif, ceux dont on parle encore de longues années après leur départ de l'entreprise.

---

1. Si vous souhaitez en savoir davantage sur la notion de culture managériale, vous pouvez consulter l'ouvrage d'Éric DELAVALLÉE, *La culture d'entreprise pour manager autrement*, Éditions d'Organisation, 2002.

Malheureusement (ou heureusement ?), ce n'est pas le cas du manager de la « vraie vie ». Quand il est dans une situation où le comportement pertinent correspond à son style, c'est facile. Il le fait naturellement, sans effort et, le plus souvent, obtient aisément les résultats souhaités. Quand ce n'est pas le cas, il s'adapte à la situation, il adopte un comportement qui ne correspond pas à son style. Certains diront qu'il force sa nature. Le plus souvent, ce n'est pas la situation qui s'adapte à lui, mais l'inverse. Sauf peut-être s'il s'agit du P-DG. Le style de certains façonne fortement la culture managériale de leur entreprise. Ils en marquent l'histoire. Mais ce sont des exceptions. Ils sont très peu nombreux. Dans le cas le plus courant, c'est bien le manager qui s'adapte à la situation, malgré son style de management et la prégnance de celui-ci sur ses comportements managériaux. Le management est par définition situationnel ; le management est situationnel ou n'est pas.

Le style de management : une ressource et une contrainte

En vous adaptant, vous adoptez des comportements qui ne correspondent pas toujours à votre style. Dans ces circonstances, vous avez le sentiment d'être « moins bon ». Vous faites un effort particulier, supportez un « coût » psychologique plus important que dans les situations de congruence entre votre style et le comportement que vous adoptez. Quand le manager directif est dans une situation où il doit écouter ses collaborateurs, il le fait. En général, il s'impatiente, « ronge son frein » et lutte contre

© Éditions d'Organisation

lui-même pour ne pas constamment leur couper la parole. Mais il finit par écouter, même mal. Quand le manager convivial doit gérer un conflit, il prend sur lui pour ne pas faire l'autruche, ne pas céder à sa tentation naturelle de rentrer six pieds sous terre. Devant un collaborateur qui a perdu l'habitude de tenir ses engagements, le manager contractuel se souviendra qu'en matière de management, tout n'est pas négociable, qu'il doit aussi parfois sortir des « cartons rouges », qu'il doit aussi parfois manier le « bâton ». Pour cela, il lui faudra aller puiser au plus profond de ses réserves.

Votre style de management est à la fois une ressource et une contrainte. Une ressource utile pour exercer votre rôle de manager en cohérence avec ce que vous êtes et l'environnement dans lequel vous vous trouvez. Une contrainte parce que vous devez en sortir, ne pas en être prisonnier pour adopter des comportements qui ne lui correspondent pas toujours. C'est là que se situe toute la différence entre les managers. Tous les managers ont un style, mais pour certains, c'est un tremplin pour manager, pour d'autres, au contraire, c'est un boulet à tirer. Vous ne serez jamais un manager passe-partout comme le manager « idéal », mais vous pouvez faire de votre style un atout plutôt qu'un handicap.

Le manager est-il un caméléon ?

De quoi dépend le moyen que vous devez mobiliser ? Sans prétendre à l'exhaustivité, citons certaines variables de nature très différente les unes des autres. La première, c'est le profil de vos collaborateurs. Avec certains, vous êtes plutôt directif ; avec d'autres, votre management est au contraire beaucoup plus affectif. Pourquoi ? Cela dépend du degré d'autonomie de vos collaborateurs et, en particulier, de leur compétence et de leur motivation. Par exemple, avec un collaborateur qui ne sait pas et qui ne veut pas faire, dont le degré d'autonomie est donc très faible, vous devez être directif pour obtenir des performances de sa part. Le management, « ça dépend » des situations. Vous ne vous comportez pas de la même manière avec un jeune qui vient d'arriver et avec un collaborateur expérimenté que vous connaissez depuis longtemps, avec lequel vous avez fait « les 400 coups » dans votre « vie précédente ». Vous devez être « caméléon ».

Mais le moyen que vous devez mobiliser pour obtenir des performances ne dépend pas seulement du degré d'autonomie de vos collaborateurs. C'est plus compliqué que cela ! Si le management ne se réduit pas à une relation entre deux personnalités comme on veut trop souvent nous le faire croire, c'est aussi malgré tout une confrontation à l'autre. Cette confrontation mobilise des ressources conscientes, mais aussi inconscientes, des désirs refoulés qui vous échappent. Dans la relation avec certains de vos collaborateurs, il peut se rejouer des « scènes » de votre petite enfance, depuis longtemps oubliées, mais encore douloureuses, simplement parce que « l'autre » vous rappelle tel ou tel souvenir. Pourquoi, sans arriver à vous maîtriser, vous mettez-vous systématiquement en rogne avec Monsieur X ? Pourquoi, avec Madame Y, êtes-vous fréquemment sur la défensive, ce qui vous amène à être trop agressif ? Et Madame Z qui vous met si mal à l'aise que vous n'arrivez pas à lui dire non. Pour vous, tous ces personnages font partie d'une histoire : la vôtre. L'explication des comportements que vous adoptez avec eux se trouve en grande partie dans votre passé.

Le « choix » managérial que vous devez faire dépend aussi pour une partie de ce que « l'autre », votre collaborateur, représente pour vous, dans votre univers conscient et inconscient. Mais c'est la même chose pour vos collaborateurs. Les comportements qu'ils adoptent s'expliquent pour une partie par leur histoire personnelle. Pour eux aussi, dans la relation avec vous, il se rejoue des « scènes » de leur petite enfance. Contrairement aux vôtres, ces « scènes » vous sont inaccessibles. Votre bureau n'est pas le cabinet d'un psychothérapeute. Vos collaborateurs ne s'y livrent pas de la même façon. N'oublions jamais que la relation managériale est aussi (d'abord ?) une relation de subordination. On ne peut ni l'occulter, ni s'en débarrasser d'un revers de la main. C'est l'une des raisons pour lesquelles les approches psychologiques, voire psychanalytiques, appliquées au management sont plus utiles au manager pour analyser ses propres comportements que pour comprendre ceux de ses collaborateurs. En effet, compte tenu des informations dont le manager dispose sur ses collaborateurs, les interprétations, toujours trop hâtives, sont hasardeuses. Une partie de l'explication vous échappe. Si bien que les comportements de vos collaborateurs restent nécessairement mystérieux pour une partie. Après en avoir pris conscience, il faut vous y résoudre, accepter de ne pas pouvoir tout expliquer, renoncer à tout comprendre.

Mais le moyen que vous devez mobiliser ne dépend pas seulement du profil, de la personnalité de vos collaborateurs et du type de relation que vous entretenez avec eux. Il dépend aussi du contexte d'action dans lequel s'inscrit cette relation. Avec un même collaborateur, en fonction des moments, vous pourrez ne pas vous comporter de la même manière. Par exemple, quand le temps presse, vous êtes plus directif que d'ordinaire. Vous êtes souvent plus directif quand vous êtes pressé. Il en va de même du type de problèmes que vous avez à résoudre. Vous qui êtes plutôt un manager convivial, vous avez géré la dernière crise de manière très directive. Mais pouvait-il en être autrement ? La survie du service était en jeu. Ses heures étaient comptées. Ce n'est pas tout. Dans les situations où l'incertitude est trop importante, vous ne pouvez faire autrement que d'adopter un comportement convivial. Les informations vous manquent pour suivre le travail de vos collaborateurs de manière très précise, et donc pour être directif. Elles vous manquent aussi pour pouvoir contractualiser, parfois même pour pouvoir fixer des objectifs. Vous adoptez un comportement convivial par défaut, faute de pouvoir être directif ou contractuel. C'est la même chose dans les situations où vous n'avez aucune compétence technique. Dans votre équipe, il y a un expert en système d'information. Vous ne connaissez rien à l'informatique, vous ne comprenez pas un mot de ce qu'il vous raconte. Vous ne pouvez donc pas lui dire ce qu'il doit faire. Vous ne serez pas non plus très à l'aise pour négocier des objectifs avec lui. Pour cela, il vous faudrait un minimum de connaissances en informatique.

Styles de management, style des managers

Concernant votre style, par souci de simplification, nous avons commis un abus de langage. Pour être plus fidèle à la réalité, il faut distinguer, comme nous l'avons fait pour les rôles, les styles de management du style des managers. En effet, les trois styles que nous avons présentés existent rarement à l'état pur dans la réalité. Votre style se rapproche plutôt du style directif, convivial ou contractuel, mais il ne se réduit pas à un seul d'entre eux.

En fait, comme votre rôle de manager est une combinaison spécifique de tout ou partie des rôles de management, votre style de manager est une combinaison particulière des trois styles de management. Le plus souvent, vous avez une dominante. Jusque-là, nous avons associé votre style à cette dominante. Mais deux étages supplémentaires la complètent. Les trois styles de management qui composent votre style de manager sont hiérarchisés. Vous pouvez représenter graphiquement votre style de manager en empilant les trois styles de management comme les strates d'une pyramide. Votre dominante constitue la base. Le style de management qui vous correspond le moins constitue, lui, le sommet. Le troisième se situe entre la base et le sommet.

Pour vous adapter à la diversité des situations, si le comportement que vous devez adopter correspond à votre dominante, cela ne vous pose aucun problème. Vous vous comportez avec naturel. Pour le reste, vous supportez un « coût » psychologique plus important. Plus le comportement que vous devez adopter correspond à une strate élevée de votre « pyramide », plus le « coût » psychologique à supporter est important.

Ces précisions ne font pas que compliquer les choses, sans quoi elles seraient inutiles. Elles permettent de comprendre deux phénomènes. D'une part, chaque manager a une dominante (la base de sa « pyramide ») et un style si peu naturel pour lui (le sommet de sa « pyramide ») qu'il éprouve beaucoup de difficultés à adopter des comportements en correspondance avec lui. Par exemple, certains managers passent alternativement, sans trop de difficultés et assez naturellement, de l'autorité à l'affectif sans jamais arriver à se fixer sur la dimension contractuelle de la relation managériale. La pratique du contrat est trop antinomique avec ce qu'ils sont, avec leur style de manager. D'autre part, certains managers ont des dominantes plus marquées que d'autres. Si c'est votre cas, vous vous adaptez moins facilement à la diversité des situations que certains de vos collègues dont la dominante est moins marquée que la vôtre. Vous êtes moins enclin à adopter des comportements non congruents avec votre dominante. Vous êtes peu caméléon. En revanche, vous êtes architecte. De quoi s'agit-il ? Vos comportements sont plus facilement lisibles par vos collaborateurs, moins imprévisibles. Du coup, vous structurez plus facilement, ou avec moins de difficultés que d'autres, votre équipe. Ce sont vos collaborateurs qui finissent par s'adapter à vos comportements, pas l'inverse. Dans certaines situations, notamment de changement et de turbulence, votre constance peut être très rassurante pour vos collaborateurs. Évidemment, toute la difficulté est d'être à la fois caméléon et architecte. Mais est-ce possible dans la « vraie vie » ? Ne recommence-t-on pas alors à parler du manager « idéal » ? Décidément, une idéologie qui a vraiment la vie dure !

Faire du management ou être manager

Au moment de la naissance de votre premier enfant, soudainement, vous devenez père ou mère. Votre enfant est là, il faut vous en occuper. Mais y êtes-vous prêt ? Vous sentez-vous capable ? Combien de temps vous faudra-t-il pour réellement devenir parent ? Il y a une différence importante entre avoir un enfant et être parent. Pour l'exprimer, un nouveau mot a été inventé il y a quelques années : la parentalité. La parentalité, c'est le processus psychologique par lequel une personne devient parent.

C'est un peu la même chose avec le management. Il nous faut inventer un mot qui n'existait pas jusqu'à présent : la managérialité, processus psychologique par lequel une personne devient manager. Vos responsabilités managériales vous sont tombées dessus du jour au lendemain. Mais, à coup sûr, vous n'êtes pas subitement devenu manager. Il y a une différence entre faire du management et être manager, comme il y a une différence entre avoir un enfant et être parent. Une fois nommé à un poste de responsabilités managériales, on commence à faire du management. Devenir manager est plus long. Certaines personnes ne le deviennent même jamais.

Quand la chenille devient papillon

Le management se vit. Il est ainsi très difficile de s'y préparer avant d'être en situation de management. C'est l'une des raisons pour lesquelles son enseignement dans les écoles de management est si délicat. Comment enseigner le management à quelqu'un qui ne l'a jamais pratiqué ? Comment enseigner le management quand on ne l'a soi-même pas pratiqué ? (On enseigne le management « idéal », pas celui de la « vraie vie », ce qui passe mieux auprès d'étudiants qui ne connaissent pas le monde de l'entreprise qu'auprès de professionnels déjà en situation de management). En outre, devenir manager ne se réduit pas à l'acquisition de nouvelles compétences ou à la maîtrise de techniques particulières. C'est un véritable processus de transformation psychologique. Il ne s'agit pas de faire plus et mieux de la même chose, mais d'être autrement. Le changement ne se situe pas seulement au niveau de ce que vous faites. Il concerne aussi ce que vous êtes. Votre première année de management a été (est ou sera) une période d'intense introspection et développement personnel. Le manager ne finit pas sa première année de management comme il l'a commencée. Souvent, au terme de cette période, la chenille devient papillon. Pourquoi ? D'abord parce que la situation de management révèle au manager des choses sur lui qu'il ne savait pas forcément. Son ego est plus important que ce

© Éditions d'Organisation

qu'il pensait ; il maîtrise beaucoup moins bien ses émotions que ce qu'il croyait ; il a un besoin de tout contrôler qui lui avait échappé ; une empathie beaucoup moins importante que ce qu'il avait bien voulu s'avouer à lui même jusque-là.

Le manager apprend des choses sur lui qu'il ne connaissait pas forcément auparavant parce que les problèmes qu'il a à résoudre le conduisent à mobiliser des ressources qu'il ne mobilisait pas forcément jusque-là. Ces ressources sont liées au vouloir faire (l'intention, la volonté, la motivation, …), au savoir-faire (les connaissances, les compétences, …), mais surtout au pouvoir faire. Le pouvoir faire comporte une double dimension : organisationnelle et individuelle. Au niveau organisationnel, il faut que le manager ait les moyens d'atteindre les performances dont il est responsable. C'est le principe de la parité entre la responsabilité et l'autorité. L'autorité formelle déléguée doit vous donner le pouvoir de prendre et de faire exécuter les décisions concernant les responsabilités qui vous sont attribuées. Combien de fois dans la « vraie vie » ce principe n'est-il pas respecté ? Il n'y a rien de pire que de mettre une personne dans une situation incompatible avec ce qu'on lui demande de faire. Par exemple, comment faire du management sans carottes ni bâton ? L'autre dimension du pouvoir faire est individuelle. Elle renvoie à des capacités psychologiques, des capacités à agir, un niveau d'autonomie. Trois caractéristiques des situations de management mobilisent en particulier ces capacités : le faire faire, la responsabilité et l'exercice de l'autorité.

Le faire faire, la responsabilité et l'autorité

Le manager ne doit pas tout faire seul. Il ne doit pas non plus laisser-faire. Il doit faire faire. Pour apprendre à faire faire, il faut commencer par désapprendre à faire soi-même. Or, ce n'est pas une mince affaire. Arrêter de faire soi-même, commencer à faire faire, nécessite de changer ses habitudes. Cela exige aussi, et peut-être surtout, d'être au clair avec son ego. En effet, il faut accepter que l'un de ses collaborateurs puissent faire mieux que soi, accepter de ne pas être irremplaçable, … Il faut renoncer à sa toute puissance, passer du stade de l'indépendance à celui de l'interdépendance. Il y a toujours beaucoup de fausses bonnes raisons pour ne pas faire faire, pour continuer à faire soi-même : « je le ferai plus vite par moi-même ; cela sera mieux fait, si c'est moi qui le fais ; je suis seul à être capable de le faire ; si je ne le fais pas moi-même, je vais perdre mon pouvoir ; toute la reconnaissance lui reviendra à lui pas à moi … » Un bon manager, dit-on couramment, c'est quelqu'un qui sait s'entourer. C'est donc quelqu'un qui n'hésite pas à recruter des personnes « meilleures » que lui. Cela demande une confiance en soi suffisante pour ne pas se sentir menacé par quelqu'un qui possède des compétences qu'on n'a pas.

Le manager est responsable d'une performance, celle de son service. Souvent, c'est cette responsabilité qui l'empêche de dormir. Avant d'être manager, la responsabilité était assumée par votre manager. Vous dormiez sur vos deux oreilles. Aujourd'hui, c'est vous qui l'assumez. Vous êtes (vous devriez être ?) habité par la performance de votre service. Non seulement vous assumez la responsabilité de la performance du service, mais, en plus, cette performance ne dépend pas que de vous. Vous l'obtenez à travers le travail de vos collaborateurs. Le problème du faire faire vient s'ajouter à celui de la responsabilité. C'est quand on se sent investi de la responsabilité d'une performance que, souvent, il devient difficile de faire faire. On est responsable et, en plus, on dépend des autres. Or, en situation de management, les deux se passent en même temps. Le plus souvent, on devient véritablement responsable, on est réellement tributaire d'une performance, seulement quand on se trouve dans la situation de faire faire et plus de faire tout soi-même.

Nous avons déjà souligné que, après quelques semaines en situation de management, la plupart des managers sont très surpris : ils sont au moins autant en position de dépendance qu'en position d'autorité. Ils dépendent au moins autant de leurs collaborateurs que leurs collaborateurs dépendent d'eux. Non seulement l'autorité ne fait pas tout, mais, en plus, son exercice ne va pas de soi. Pour exercer une autorité, il faut en être capable au sens psychologique du terme. Il faut notamment ne pas se reprocher trop de choses. Sans quoi, par culpabilité, le manager exerce mal son autorité, l'exerce à moitié ou par défaut. Le premier ennemi du manager, c'est sa propre culpabilité. Mais, même au clair avec lui-même, il faut un certain temps au manager pour exercer son autorité. Vous avez sûrement mis un temps non négligeable à faire la différence entre être respecté et être aimé, entre construire des relations de coopération et des relations amicales. Collaborer ne veut pas dire « faire copain copain ». En matière de management, le mélange des genres n'est jamais très bon. Combien de mois vous a-t-il fallu pour vous en apercevoir, pour le comprendre, pour l'accepter, pour renoncer ? Il vous a aussi fallu du temps pour admettre qu'un désaccord sur vos idées n'est pas forcément une atteinte, voire une remise en cause, de votre autorité. Vous avez dû apprendre que vos collaborateurs peuvent avoir un point de vue différent du vôtre ; qu'en l'exprimant, ils cherchent à vous faire part de leur opinion, pas forcément à remettre en cause votre autorité.

C'est en faisant du management qu'on apprend à manager

Devenir manager, c'est changer de perception de soi-même. Le passage du « *doer* » au manager ne se situe pas seulement au niveau de ce que vous faites. Le changement concerne aussi ce que vous êtes. C'est un travail introspectif pour lequel il n'y a pas de raccourci. Une partie importante de cet apprentissage réside dans la maîtrise de ses émotions en situation d'interaction, en particulier avec ses collaborateurs. Cet apprentissage se réalise avant toute chose par l'expérience. « C'est en forgeant qu'on devient forgeron », dit le dicton. C'est la même chose pour le management : c'est en manageant qu'on devient manager. Vous pouvez aller en formation, observer les « bonnes pratiques » de vos pairs, demander conseil, …, rien ne remplacera l'expérience. C'est d'abord en faisant du management qu'on apprend à en faire. Pratiquer est une condition nécessaire à l'apprentissage, mais pas suffisante. On peut faire du management, y compris depuis longtemps, mais ne rien avoir appris du tout, même pas qu'on ferait mieux de faire autre chose. Apprendre nécessite de s'arrêter, de se questionner sur sa propre pratique.

En outre, l'apprentissage par expérience se fait pour une partie en dehors de la conscience du manager. Parfois, il est conscient d'apprendre, parfois il ne l'est pas. C'est là que son propre manager, un coach, …, peuvent faciliter son apprentissage. Comment ? En remplissant une fonction de miroir qui favorise la confrontation à soi-même, qui permet de prendre du recul, d'interroger sa pratique, de prendre conscience de ses points forts et de ses points faibles. On n'apprend pas à un manager à manager. Il apprend tout seul. On peut cependant le mettre dans une situation d'apprentissage plus ou moins favorable, notamment en lui renvoyant l'image de sa pratique.

Les points clés

Le manager ne fait pas que du management. Certaines des activités qu'il exerce relèvent plus du faire que du faire faire. Cela n'est pas anormal, mais peut devenir préjudiciable, si le faire l'empêche de correctement faire faire.

Le manager est avant tout un *problem solver*. Son travail consiste essentiellement à résoudre des problèmes, que l'on peut regrouper en quatre catégories :
- prendre des décisions en composant avec l'incertitude ;
- arbitrer entre des objectifs partiellement divergents ;
- gérer une pénurie de temps ;
- obtenir des choses de la part de personnes qui, souvent, dépendent moins du manager qu'il ne dépend d'elles.

Il y a cinq rôles de management différents :
- la valorisation des ressources humaines ;
- le pilotage d'une unité ;
- le développement des personnes ;
- l'animation d'une équipe ;
- la coordination avec l'extérieur.

Pour qu'une entité fonctionne bien, il faut que les cinq rôles de management soient remplis. Mais ils peuvent très bien l'être par des personnes différentes. Il faut dissocier les rôles de management et le rôle de chaque manager : le rôle de chaque manager est une combinaison spécifique de tout ou partie des cinq rôles de management.

Le style de management constitue la manière dont le manager tient son rôle. Il renvoie à sa vision du monde, son système de valeurs et de croyances. On peut caractériser et différencier les différents styles de management en fonction du moyen mobilisé par le manager pour obtenir des performances de ses collaborateurs. Le manager peut mobiliser trois moyens différents : son autorité, les sentiments positifs et la négociation. Ce faisant, on distingue trois styles de management différents : directif, convivial et contractuel. Tout comme le rôle de chaque manager est une combinaison spécifique de tout ou partie des rôles de management, le style du manager est une combinaison particulière des trois styles de management.

Le style du manager dépend de sa personnalité et de la culture managériale de l'entreprise dans laquelle il exerce ses fonctions. Le manager n'est pas esclave de son style. Chaque manager a un style qui lui est propre, mais, en même temps, mobilise chacun des trois moyens (autorité, sentiments positifs et négociation) en fonction de la situation dans laquelle il se trouve. Pour obtenir des performances de ses collaborateurs, le manager doit adapter son comportement à la situation. En cela, le management est par définition situationnel.

Il y a une différence entre faire du management et être manager. Devenir manager est un véritable processus de transformation psychologique. Trois caractéristiques des situations de management mobilisent de nouvelles ressources psychologiques chez le manager : le faire faire, la responsabilité et l'exercice de l'autorité.

Pour aller plus loin

Robert Blake, Jane Mouton

Les deux dimensions du management, Éditions d'Organisation, 1969.

Robert Blake et Jane Mouton sont des spécialistes de la psychologie des organisations. Leur grille du manager, mondialement connue, s'appuie sur les résultats d'une recherche conduite par des chercheurs de l'État de l'Ohio à la fin des années 1950. Ils distinguent les styles de management à partir de deux dimensions : d'une part, l'importance que le manager accorde aux tâches (au travail à faire) et, d'autre part, l'importance qu'il accorde aux individus (à ceux qui réalisent le travail).

Ces deux dimensions du management renvoient à deux conceptions opposées de l'individu, bien mises en évidence par Douglas MC GREGOR dans ses fameuses théories X et Y (*La dimension humaine de l'entreprise,* éd. Gauthier-Villars, 1974). La théorie X repose sur les bases suivantes : les individus sont paresseux et n'aiment pas travailler ; pour obtenir une performance de leur part, il faut les contraindre. La théorie Y, elle, postule que les individus cherchent à se réaliser à travers leur travail. Le moyen le plus pertinent d'obtenir un engagement important de leur part est de leur permettre de satisfaire des besoins psychologiques comme l'estime et la réalisation d'eux-mêmes.

Nous avons complété ces travaux par une troisième dimension renvoyant à une autre conception de l'individu au travail : l'individu calculateur et intéressé de la sociologie des organisations française (Michel CROZIER, Erhard FRIEDBERG, *L'acteur et le système,* éd. du Seuil, 1977). Cela nous a conduit à identifier trois styles de management différents (directif, convivial et contractuel) renvoyant chacun à une vision du « monde management » différente.

Paul Hersey, Kenneth Blanchard

Management of Organizational Behavior, Prentice-Hall, 1969.

Comme Robert Blake et Jane Mouton, Paul Hersey et Kenneth Blanchard sont des spécialistes de la psychologie des organisations. Ils ont inventé la notion de management situationnel. Eux aussi utilisent les résultats de la recherche conduite par les chercheurs de l'État de l'Ohio, mais dans une perspective un peu différente. Pour Robert Blake et Jane Mouton, un style de management est meilleur que les autres. Il y a un « *one best way* ». Pour Paul Hersey et Kenneth Blanchard, au contraire, il n'y a pas de bons ou de mauvais styles de management dans l'absolu. Chaque style est plus ou moins adapté à une situation particulière, situation qu'ils caractérisent par une seule variable : le degré d'autonomie du collaborateur. Pour obtenir des performances d'un collaborateur peu autonome, il faut être directif. En revanche, avec un collaborateur très autonome, il vaut mieux être convivial que directif sous peine de le démobiliser.

En nous appuyant sur leurs travaux, nous avons considéré que le management était par définition situationnel. Cependant, nous avons complété leur approche en considérant que la situation, à laquelle devait s'adapter le manager, dépendait d'autres variables que le seul degré d'autonomie des collaborateurs et qu'on ne pouvait donc pas réduire le management à une relation de face-à-face entre le manager et chacun de ses collaborateurs. D'autres variables interviennent.

John Kotter

The General Managers, Free Press, 1982.

John Kotter est professeur à la Harvard Business School. Il y dirige le département de comportement organisationnel et de gestion des ressources humaines. John Kotter analyse le travail des managers de la « vraie vie ». Selon lui, on peut caractériser le travail des managers par le type de problèmes qu'ils ont à résoudre :

- fixer des objectifs, des politiques et des stratégies malgré une grande incertitude ;
- allouer des ressources de manière équilibrée à des acteurs dont les besoins sont divers ;
- identifier des problèmes très variés et imprévus, et les résoudre rapidement ;
- obtenir la coopération d'un large ensemble d'acteurs opérationnels, fonctionnels, internes et externes à l'entreprise ;
- motiver ses collaborateurs tout en contrôlant leur travail.

Pour résoudre ces problèmes, les managers doivent être capables, d'une part, de mettre en évidence et en visibilité ce qu'il faut faire, malgré une grande incertitude, diversité et un manque important d'informations et, d'autre part, de faire en sorte que les choses se fassent à travers l'activation d'un large réseau de personnes sans pour autant avoir d'autorité formelle sur elles.

Pour John Kotter, il faut revenir sur deux mythes :

- les managers font tous la même chose ;
- les managers sont des généralistes capables de manager dans n'importe quel domaine.

Généralement, on pense que les managers sont interchangeables. Il n'en est rien. Les managers performants sont en fait extrêmement spécialisés. Ils passent une grande partie de leur carrière dans la même entreprise ou dans le même secteur d'activité.

Nous avons beaucoup emprunté aux idées de John Kotter pour caractériser la nature du travail des managers.

Henry Mintzberg

Le manager au quotidien, Éditions d'Organisation, 1984.

Henry Mintzberg est professeur de management à l'université Mc Gill de Montréal. C'est l'un des premiers à avoir analysé le travail des managers tel qu'il est et non tel qu'il devrait être. Dans *À quoi servent les managers ?* Henry Mintzberg est sans concession : « *à faire en sorte que l'organisation fonctionne* ». « *Le principal problème des managers ? Gérer une pénurie de temps* ». Selon Henry Mintzberg, le manager tient dix rôles différents :

- trois rôles interpersonnels (symbole, agent de liaison et leader) ;
- trois rôles liés à l'information (observateur actif, diffuseur et porte-parole) ;
- quatre rôles décisionnels (entrepreneur, régulateur, répartiteur de ressources et négociateur).

Nous lui avons emprunté la notion de rôle de management, mais aussi l'idée que le rôle de chaque manager est une combinaison spécifique de tout ou partie des rôles de management.

Partie 2

Le management : mise en scène et décor

Introduction

On ne peut pas comprendre votre rôle de manager sans évoquer, à un moment où à un autre, la pièce dans laquelle vous le jouez : le management. Dans la première partie de cet ouvrage, nous avons fait une distinction entre les rôles de management et le rôle de chaque manager. Le rôle de chaque manager est une combinaison spécifique de tout ou partie des cinq rôles de management. Nous avons fait la même distinction entre le style des managers et les styles de management. Mais la distinction entre managers et management ne s'arrête pas là. À ce stade, nous n'avons fait que la moitié du chemin. Pour aller plus loin, pour comprendre et pas simplement constater, il faut considérer le management comme une fonction exercée au sein de l'entreprise, une fonction ayant pour finalité la transformation du travail en performances. Il faut appréhender le management comme une fonction, mais aussi comme un dispositif, un dispositif dont les managers ne sont qu'un des acteurs. Qu'est-ce que cela veut dire ? Là-dessus aussi, essayons d'y voir un peu plus clair !

Le management est une fonction

L'approche fonctionnaliste est bien connue des biologistes. Elle vise à appréhender le corps humain au regard de la fonction de ses organes. Certains sont vitaux, d'autres moins. Mais aucun n'est inutile, tous servent à quelque chose. L'approche fonctionnaliste est également très pertinente pour appréhender et diagnostiquer le fonctionnement de votre entreprise. Trois fonctions doivent être correctement remplies en son sein : la direction, la production et le management. Que l'une d'elles soit défaillante et c'est la performance globale qui n'est pas au rendez-vous. Détaillons succinctement chacune de ces fonctions.

« Il n'y a pas de vent favorable pour celui qui ne sait où il va »

Les fameux mots de Sénèque se révèlent encore une fois vrais. L'objet de la fonction de direction est de donner un cap à votre entreprise, c'est-à-dire de déterminer le but à atteindre et le chemin à emprunter pour y parvenir. Diriger, c'est définir une vision, c'est-à-dire une anticipation du devenir de l'entreprise ainsi qu'une stratégie réaliste pour y parvenir. Diriger ne veut pas seulement dire planifier, même à long terme. La planification, notamment la planification stratégique, complète la direction : le but à atteindre nécessite le passage par des phases intermédiaires. Mais la planification ne se substitue pas à la direction, au leadership disent les Anglo-Saxons. Vos dirigeants ne peuvent pas complètement déléguer la direction aux spécialistes du plan et de la stratégie. Pourquoi ? Parce que diriger, c'est avant tout avoir un projet pour son entreprise. Or, jamais un projet n'est sorti d'un plan. D'une tête, d'un cœur, de tripes, oui ! Mais d'un plan, non ! D'ailleurs, les plans, les hypothèses faites sur le futur, sont souvent plus des projections du passé que de réelles anticipations de l'avenir.

Ce projet, mûri d'une ambition, doit s'inscrire dans une vision de l'avenir. Une vision dont la valeur essentielle n'est pas l'originalité, mais la capacité à rencontrer les intérêts des actionnaires, des clients et des salariés de l'entreprise, les fameux *stakeholders,* parties prenantes en français. Leurs intérêts sont convergents pour une partie, divergents pour une autre. Cela rend l'exercice plus délicat qu'il ne paraît a priori. Dans certaines entreprises, les actionnaires passent de loin avant les salariés, parfois même largement avant les clients. Les salariés sont des coûts, non des ressources. On les paye peu de manière à minimiser les coûts salariaux. En ce qui concerne les clients, on est prêt à dégrader la qualité pour accroître les marges. Dans d'autres entreprises, c'est le contraire. Le salarié est roi. Les exigences de rentabilité sont secondaires et les clients passent en second. Dans ces entreprises, les managers sont fréquemment les premiers représentants du personnel. Les salariés passent au premier plan, mais, paradoxalement, ces entreprises ne sont souvent pas très agréables à vivre. Il y a peu de pression des actionnaires et des clients, mais beaucoup de conflits internes. Du confort, mais de l'agressivité ! Pourquoi ? L'agressivité des salariés est tournée vers l'intérieur de l'entreprise et non vers l'extérieur. Des clients exigeants, des concurrents pressants, … sont de bonnes cibles sur lesquelles jeter son dévolu. À défaut, il faut en trouver d'autres : ses collègues par exemple. Dans ces entreprises, les conflits ne concernent pas seulement le travail, mais les personnes elles-mêmes. Les attaques ne portent pas uniquement sur ce que les personnes font, mais aussi sur ce qu'elles sont.

Les performances, préférez le pluriel au singulier

Derrière le projet et la vision, il y a la question fondamentale de la performance. Pourquoi un jour quelqu'un a-t-il décidé de créer l'entreprise dans laquelle vous travaillez aujourd'hui ? Pourquoi s'est-il adjoint le service d'autres personnes ? Pour produire une performance qu'il ne pouvait obtenir seul. Mais de quelle performance s'agit-il ? Il n'y a pas une seule performance avec un P majuscule. Diriger, c'est définir le type de performances recherchées par l'entreprise et veiller à ce que les performances produites soient conformes aux performances recherchées.

Quelles performances recherchons-nous ? Votre entreprise a répondu à cette question d'une certaine manière, vos concurrents, fournisseurs ou partenaires d'une autre. De plus, les réponses varient d'une entreprise à l'autre. Chez certaines, la performance, exclusivement financière, se mesure par le retour sur investissement. Pour d'autres, la performance, avant tout technique, réside dans la capacité à innover. Avec la vogue actuelle du développement durable, la responsabilité sociale figure peut-être aussi au registre des critères de performance de votre entreprise ? La performance n'est pas seulement économique, elle est aussi technique, commerciale, sociale, voire environnementale ou sociétale. Elle ne concerne pas uniquement le court terme. Elle doit au contraire s'apprécier sur des horizons de temps différents. Bref, c'est une notion multidimensionnelle qui comporte plusieurs facettes, si bien que son appréciation nécessite de recourir simultanément à plusieurs critères. En matière de performances, le pluriel est préférable au singulier. Il n'y a pas une, mais des performances.

Mais aucune entreprise ne peut optimiser simultanément les performances économiques, commerciales, sociales, … Ces dimensions étant en partie contradictoires, les attentes des parties prenantes (actionnaires, clients, salariés) ne peuvent être toutes satisfaites en même temps. La direction générale doit choisir, équilibrer, hiérarchiser. Cette hiérarchisation, qui varie d'une entreprise à l'autre, qui peut évoluer au fil du temps au sein de la même entreprise, doit déboucher sur un certain équilibre, fruit d'une subtile alchimie, d'un savant dosage entre les différentes dimensions de la performance. Toute entreprise, oubliant trop longtemps l'une des dimensions ou la dévalorisant trop fortement, fragilise sa pérennité.

Qui remplit la fonction de direction ? Le président et le directeur général, bien sûr, mais aussi les membres du comité de direction. Bref, les dirigeants. Aujourd'hui, les environnements économiques, technologiques et sociaux sont plus incertains qu'hier. Sauf à posséder une boule de cristal, il est difficile d'anticiper. Or, vos dirigeants ne sont pas tous des voyants, loin s'en faut. C'est d'ailleurs bien ce que souvent vous leur reprochez : « On ne sait pas où on va ; on n'a pas de stratégie ; on ne maintient pas le cap, la direction change d'avis tous les deux jours … » Quel manager n'a pas, un jour ou l'autre, prononcé ou pensé de tels propos ? Vous avez raison. La fonction de direction n'est pas toujours correctement remplie. Elle l'est même rarement. Pas seulement dans votre entreprise. Rassurez-vous, c'est aussi le cas dans bien d'autres. La compétence de vos dirigeants n'est pas forcément en cause. L'exercice est particulièrement compliqué. Si cela n'excuse pas tous les dirigeants, on peut trouver des circonstances atténuantes à la plupart d'entre eux. Soyez indulgents ! Leur place est enviable et convoitée, mais leur rôle difficile à tenir.

Transformer le travail en performances

Que faites-vous quand vous produisez ? Vous transformez des matières premières ou des informations en produits

© Éditions d'Organisation

finis ou services à destination d'un client (externe ou interne à l'entreprise). Transformer des *inputs* en *outputs* disent les Anglo-Saxons. Ici, nous utilisons le terme production au sens large. Les opérateurs dans les ateliers produisent, mais ils ne sont pas les seuls. Chaque mois, le chef comptable produit un arrêté des comptes, les vendeurs produisent des rapports de visite, le DRH un bilan social, la secrétaire, pardon l'assistante, le compte rendu d'une réunion, … Aujourd'hui, dans les entreprises, on produit des biens, mais surtout des informations. Les « travailleurs du savoir » sont de plus en plus nombreux. Si on ne produit pas la même chose qu'hier, on continue malgré tout à produire. La production est devenue largement immatérielle.

Cette transformation d'*inputs* en *outputs* s'effectue grâce à un travail. La production matérielle résulte d'un travail manuel ou mécanique. La production immatérielle résulte, elle, d'un travail intellectuel. Si vous pouvez difficilement être performant sans travailler, vous pouvez très bien travailler, même beaucoup, sans être performant. Travail et performance ne sont pas synonymes. Il n'y a pas de lien mécanique entre la quantité de travail produite et la performance obtenue. Les départements les plus performants ne sont pas forcément ceux où l'on travaille le plus. Vos collaborateurs peuvent travailler durement pour un résultat médiocre. Pourquoi ? Le travail produit peut, par exemple, être sans utilité. Les rapports en tout genre que les destinataires ne lisent pas sont légion. Les réunions où chacun se doit d'être, qui s'éternisent mais n'aboutissent pas, ne sont pas exceptionnelles. Certains rituels bureaucratiques demandent du temps et de l'énergie pour seulement « faire tourner la machine administrative ». N'avez-vous pas le sentiment d'être sur-occupé, mais sous-utilisé ? Ce sentiment est-il occasionnel ou permanent ? Votre travail ne débouche pas toujours sur une performance, loin s'en faut.

Le passage du travail à la performance n'est pas automatique. Il ne s'effectue pas tout seul. Au contraire, il nécessite une action spécifique. C'est la finalité de la fonction de management. Les fonctions de direction et de production ne s'emboîtent pas naturellement l'une dans l'autre comme les pièces d'un puzzle. Une troisième fonction est nécessaire pour les articuler : la fonction de management. Celle-ci vise à transformer du travail, issu de la fonction de production, en performances, dont les caractéristiques ont été définies par la fonction de direction. La fonction de direction concerne la formulation de la stratégie, le management sa mise en œuvre. La fonction de direction concerne la définition du type de performances recherchées, le management se concentre sur la production de ces performances. Le management ne se substitue pas à la direction, mais la complète. Le management est centré sur le court terme, la direction sur le moyen et long terme ; le management sur le présent, la direction sur le futur ; le management sur le fonctionnement, la direction sur le changement ; le management sur la manière de faire les choses, la direction sur les choses à faire. Que l'une des fonctions soit défaillante et c'est le tout qui capote. Pour produire des performances, ce n'est pas l'une ou l'autre, c'est l'une et l'autre.

La performance : efficacité et efficience

Si votre entreprise est performante, elle ne l'est pas par hasard ou par la force des choses. Pour produire des performances, il faut une action spécifique. Cette dernière porte un nom : le management ! Management de la performance, appellation d'origine contrôlée ou non contrôlée de nombre de pratiques ou de dispositifs, est un joli pléonasme. On ne manage pas la performance. Le management est le processus qui produit des performances, celles recherchées par l'entreprise, celles définies par la fonction de direction. La performance est la raison d'être du management. Mais qu'est-ce donc que la performance ? N'est-ce pas l'une de ces notions faussement simples, passées dans le langage courant, que tout le monde emploie pour qualifier des choses qui, à y regarder de plus près, sont en fait de nature très différente ?

Au niveau de l'entreprise dans sa globalité, celui que vise la fonction de direction, la performance résulte d'un équilibre entre des intérêts pour partie contradictoires : ceux des actionnaires, des clients et des salariés. Les buts de l'entreprise doivent représenter les états désirés et valorisés par ses parties prenantes, la performance dépendant de leur degré de satisfaction. Une entreprise est performante quand ses actionnaires, ses clients et ses salariés sont tous satisfaits au regard de critères qui leur sont propres. Ces attentes sont satisfaites séquentiellement et non simultanément. L'une des dimensions prédomine toujours, mais aucune ne peut être complètement et de façon durable subordonnée aux autres.

Vous n'avez jamais « carte blanche » pour produire les résultats attendus

Qu'est-ce que cela veut dire pour vous, responsable d'une équipe, d'un service, d'un département ou autre ? À votre niveau, celui de l'entité dont vous avez la responsabilité, pas celui de l'entreprise dans sa globalité, la performance comporte toujours deux facettes. En premier lieu, elle concerne les résultats obtenus. Toutefois, vous n'avez jamais « carte blanche » pour les produire. Vous êtes toujours sous contrainte de ressources. En conséquence, vous êtes performant, si et seulement si vous atteignez les résultats escomptés dans la limite des ressources allouées à cet effet. À votre niveau de responsabilités, la performance comporte une double dimension : l'efficacité et l'efficience. La première concerne les résultats obtenus, la seconde les ressources consommées.

Performance[1] = efficacité + efficience

L'efficacité ne se réduit pas au constat d'un résultat. C'est une comparaison des résultats obtenus aux objectifs poursuivis. Se prononcer sur l'efficacité de votre département, l'efficacité de votre service, l'efficacité d'un de vos collaborateurs, ..., suppose de fixer des objectifs et d'être capable d'évaluer des résultats. L'efficience, elle, consiste à rapporter les ressources consommées aux ressources allouées. L'efficacité concerne la fin, l'efficience les moyens. L'efficacité est centrée sur le contenu, l'efficience sur la méthode ou le processus. L'efficacité est tournée vers l'extérieur de votre service, l'efficience vers l'intérieur.

Avec votre responsable hiérarchique, vous négociez des objectifs et des ressources (humaines, financières, techniques) pour les atteindre. Vous obtenez des résultats en consommant des ressources. Vous êtes efficace, si les résultats obtenus sont à la hauteur des objectifs négociés. Vous êtes efficient, si le niveau des ressources consommées pour obtenir ces résultats ne dépasse pas celui des ressources allouées. Vous êtes performant quand vous êtes efficace et efficient, c'est-à-dire quand vous obtenez des résultats conformes aux objectifs fixés sans dépasser les ressources allouées à cet effet.

La performance, ce n'est pas l'efficacité ou l'efficience, c'est l'efficacité et l'efficience.

---

1. Pour en savoir davantage sur les notions d'efficacité et d'efficience, vous pouvez consulter l'ouvrage d'Adrien PAYETTE, *L'Efficacité des gestionnaires et des organisations,* Presses de l'Université du Québec, 1988.

Efficacité et efficience : complémentaires mais potentiellement antagonistes

Efficacité et efficience recouvrent bien deux aspects distincts et complémentaires de la performance. Vous pouvez très bien être efficace, mais pas efficient, et inversement. Le responsable d'un service de Recherche & Développement (R & D), qui développe des produits conformes au cahier des charges élaboré par le marketing, dans les délais définis par ce dernier mais en dépassant de 20 % le budget qui lui a été attribué en début de période, est efficace mais pas efficient. À l'inverse, celui qui tient son budget mais dont les développements sont systématiquement en retard, est efficient mais pas efficace.

Si l'efficacité et l'efficience sont des notions complémentaires pour appréhender votre performance, elles sont aussi potentiellement antagonistes. Pour combler son retard, le responsable du même service de R & D pourra, par exemple, faire appel à des sous-traitants ou des consultants extérieurs. Pour devenir efficace, il prendra le risque de ne pas tenir son budget et donc de ne pas être efficient. À votre niveau aussi, la performance est une question d'équilibre :

- entre création de valeur et consommation de ressources ;
- entre efficacité et efficience.

Le manager n'est pas seul à manager

Votre rôle en tant que manager consiste à obtenir des performances de la part de vos collaborateurs. À ce titre, comme les autres managers de l'entreprise, vous contribuez évidemment à remplir la fonction de management. Mais vous n'êtes pas les seuls. La performance de l'entreprise ne se réduit pas à la somme des performances des unités qui la composent. L'entreprise est un tout supérieur à la somme des parties qui, pour exister, a besoin de coordination. L'essentiel de cette coordination est assuré par les directions fonctionnelles, notamment la direction financière, des ressources humaines, de la qualité, du plan et de la stratégie. Ces directions participent aussi à la production des performances collectives en coordonnant le travail. Comment ? Par la standardisation des résultats (les objectifs à atteindre), des procédures (le comment faire) et des qualifications (les compétences de ceux qui exécutent le travail).

D'ailleurs, les Anglo-Saxons ne s'y trompent pas. Ils ne parlent pas de contrôle de gestion ou de gestion des ressources humaines, mais de *management control* ou de *human resource management*. La distinction entre gestion et management ne résiste pas longtemps à l'épreuve des faits. Pire, elle induit en erreur ; surtout si on considère que les managers managent et que les directions fonctionnelles gèrent. Opérationnels et fonctionnels participent tous, chacun à leur manière, à produire des performances et donc à remplir la fonction de management. Leurs relations sont toujours tumultueuses. Une collaboration entre eux est pourtant nécessaire pour que chacun apporte sa pierre à l'édifice management.

En résumé, le partage des rôles de management est à la fois vertical, c'est-à-dire réparti entre les managers d'une même ligne hiérarchique, et horizontal, c'est-à-dire réparti entre les opérationnels et les fonctionnels.

Je t'aime, moi non plus !

Vos relations avec les fonctionnels sont souvent compliquées et ambivalentes : elles tiennent du « Je t'aime, moi non plus » ! Pourquoi ? Elles recouvrent en fait deux dimensions bien différentes liées à la double mission des directions fonctionnelles. Pour le compte de la direction générale, elles s'assurent de la mise en œuvre de la stratégie. Cette mission les inscrit dans une relation de surveillance vis-à-vis de vous. Par exemple, il n'est pas rare d'entendre un directeur général déclarer à son contrôleur de gestion : « vous êtes mes yeux et mes oreilles ! » En même temps, on demande aux directions fonctionnelles de vous conseiller, soutenir, accompagner, … dans vos activités quotidiennes. C'est le second aspect de leur mission.

Reprenons l'exemple du contrôle de gestion, particulièrement éloquent à cet égard. Il doit s'assurer de la mise en œuvre de la stratégie et, pour ce faire, vous contrôler. Pour cela, il met en place des procédures de reporting. Dans le même temps, on lui demande de vous aider et de vous soutenir, par exemple, en mettant à votre disposition des tableaux de bord et en vous aidant à interpréter les chiffres. Ce faisant, on comprend toute l'ambiguïté de vos relations avec le contrôle de gestion. Il doit être à la fois suffisamment engagé dans votre unité pour comprendre vos besoins, répondre à vos demandes et vous aider dans la prise de décision. En même temps, il doit être suffisamment indépendant pour pouvoir porter un jugement sur vos performances et, éventuellement, refuser certaines de vos demandes au titre du gardien des cordons de la bourse.

Au total, vous percevez le contrôleur de gestion comme un pinailleur, un empêcheur de tourner en rond, un procédurier, … Il vous irrite et vous frustre. Lui, à son tour, vous considère comme une personne indisciplinée, sans imagination, qui refuse de suivre ses conseils, une personne qui ne veut pas évoluer. De son point de vue, vous êtes réfractaire au changement, vous n'adhérez pas suffisamment à la politique de l'entreprise.

Quatre types de directions fonctionnelles

À votre égard, les directions fonctionnelles sont ainsi nécessairement dans une relation à deux faces : contrôle d'un côté, soutien de l'autre. Du reste, ces deux dimensions permettent de caractériser quatre types de directions fonctionnelles. On peut distinguer les directions « Technostructure », qui contrôlent beaucoup et qui soutiennent peu, des directions « Support » qui, à l'inverse, soutiennent beaucoup et contrôlent peu. Le projet de bon nombre d'entreprises, celui de la vôtre peut-être, est de faire de leurs directions fonctionnelles des « *Business partners* », c'est-à-dire de véritables partenaires à la fois de la direction générale (ce qui les conduit à vous contrôler fortement) et des managers en vous soutenant fortement. Ce choix est exigeant. Les directions fonctionnelles « *Business partners* » doivent en effet pouvoir gérer de nombreuses contradictions entre des attentes en partie différentes : celles de la direction générale et les vôtres. Dans les faits, c'est souvent plus une ambition qu'une réalité. En revanche, une réalité beaucoup plus fréquente, mais aussi moins avouable, sont les directions fonctionnelles « Nini » qui à la fois vous contrôlent peu et vous soutiennent peu. Ce sont souvent des directions financières ou des directions ressources humaines restées très administratives. Des directions « sanctuaires », qui s'auto-référencent, qui tournent sur elles-mêmes sans réellement contribuer au reste de l'entreprise.

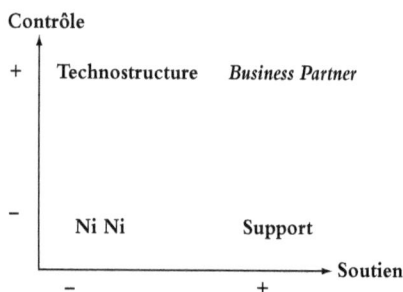

Notons au passage que, au sein de la même entreprise, les différentes directions fonctionnelles peuvent très bien ne pas toutes relever du même type : par exemple, la direction financière de la « Technostructure » et celle des ressources humaines du « Support ».

© Éditions d'Organisation

Qui est responsable des performances ?

Pour beaucoup d'entreprises, en particulier anglo-saxonnes, la responsabilité des résultats est l'apanage des managers, d'où d'ailleurs l'un des grands principes de management : la parité entre l'autorité et la responsabilité. Votre autorité, trouve-t-on dans les bons manuels de management, doit vous donner le pouvoir de prendre et de faire exécuter les décisions concernant les responsabilités qui vous sont attribuées. Entre fonctionnels et opérationnels, on peut alors parler d'un certain partage de la fonction de management. Un partage des activités de management, mais pas des responsabilités, de l'autorité et donc des décisions. Les fonctionnels préparent les décisions possibles, par exemple en élaborant et en faisant vivre des tableaux de bord, mais c'est vous qui prenez les décisions opérationnelles. Pourquoi ? Vous seul devez être responsable des résultats d'une équipe, d'un service, d'un département ou autre. Au niveau de l'organigramme, ce principe se traduit de la manière suivante : au sein d'une *business unit* par exemple, le contrôleur de gestion (et éventuellement le responsable ressources humaines) dépend(ent) hiérarchiquement de vous, patron de *business unit,* et fonctionnellement du directeur financier ou du directeur des ressources humaines.

Les directions fonctionnelles déterminent les règles du jeu

Dans ce cas, le travail de management est principalement effectué par les managers, mais dans le cadre de règles fixées par les directions fonctionnelles. Vous êtes les joueurs d'un jeu dont les règles sont fixées par les directions fonctionnelles. Après les avoir définies, elles veillent à leur bonne application. La décision opérationnelle relève du monopole hiérarchique. Mais cette décision est mise sous contrôle à chaque fois qu'elle concerne l'une des ressources gérées, le plus souvent, les ressources financières ou humaines. Les décisions ne sont alors laissées ni au hasard des circonstances, ni à la bonne volonté des managers. Ils décident, mais dans un cadre imposé. Ils ne décident pas n'importe quoi, n'importe comment, n'importe quand. Quand vous recrutez, c'est vous qui, *in fine,* choisissez parmi les candidats proposés par la direction des ressources humaines, mais votre choix doit être cohérent avec la politique de recrutement. Le candidat retenu doit être jeune pour ré-équilibrer la pyramide des âges, mobile en vue des futures affectations, bilingue non pas parce que vous avez besoin de quelqu'un qui parle une langue étrangère mais parce que l'entreprise s'internationalise, …

Les choix du manager ne relèvent pas de son seul libre-arbitre. Il décide, certes, mais sous contrôle. Sans cette mise sous contrôle, l'entreprise perd son unité. Ses politiques ne passent plus dans les pratiques. Contrairement à ce qu'affirment certains slogans, une entreprise n'est pas une collection de PME, chaque manager n'est pas un petit patron. Un service, une direction, une division, …, ce n'est pas une entreprise en modèle réduit. Les directions fonctionnelles ont pour mission de conduire la mise en œuvre des politiques relevant de leur champ de compétences. Dans la plupart des entreprises, deux types de ressources sont particulièrement mises sous contrôle : les ressources financières et les ressources humaines. Ce faisant, les directions générales signifient que ces ressources sont celles de l'entreprise dans son ensemble et non les ressources de telle ou telle entité en son sein.

Ce choix – affecter la responsabilité de la performance aux managers en mettant sous contrôle les ressources « rares » – est le plus courant. Il permet de bien identifier la chaîne des responsabilités en déclinant les objectifs à chaque niveau hiérarchique au sein de l'entreprise. On voit alors apparaître la ligne de management (ce que les Anglo-Saxons appellent la « *line* » par opposition au « *staff* » qui nomme les directions fonctionnelles) : une succession de managers de niveau hiérarchique différent. Cependant, toutes les entreprises ne font pas ce choix. Par exemple, une entreprise internationale du domaine de l'électronique affiche le principe dit des « 4 yeux » ou du double regard. De quoi s'agit-il ? Chaque directeur de division travaille en étroite collaboration avec un gestionnaire, d'où le double regard. Le premier veille au développement de l'activité ; le second est le gardien de la marge et du résultat. La responsabilité des performances de la division est partagée. Le directeur de division est plutôt responsable de son efficacité, le gestionnaire de son efficience. Pour parler de leur entreprise, certains salariés recourent alors volontiers à la métaphore suivante : une banque qui fait de l'électronique. Dans le même ordre d'idées, une entreprise de la grande distribution élabore la notion de management partagé. De quoi s'agit-il ? Le management est partagé parce que la responsabilité des performances l'est également. En effet, au sein des magasins, la responsabilité de chaque résultat est partagée entre opérationnels et fonctionnels. Par exemple, le niveau des stocks relève de la responsabilité conjointe des chefs de rayon (au niveau de leur rayon bien sûr) et du contrôleur de gestion. Le montant du bonus de ce dernier en dépend ! C'est la même chose concernant le montant des dépenses de formation ou le taux d'absentéisme pour le responsable des ressources humaines. Pour certaines entreprises, le management semble être une affaire trop sérieuse pour le laisser aux seules mains des managers.

Les résultats sont-ils synonymes de carrière réussie pour les managers ?

Dans le domaine des responsabilités aussi, le discours ne coïncide pas toujours avec la réalité. Votre entreprise peut claironner haut et fort que la responsabilité des résultats vous revient et, dans le même temps, ne pas vous évaluer sur les résultats de votre service. Quand les résultats sont au rendez-vous, on vous applaudit des deux mains. Dans le cas contraire, on vous trouve souvent des circonstances atténuantes : « C'est vrai, il n'a pas atteint ses objectifs, mais quel humaniste ! D'ailleurs, ses collaborateurs l'adorent et ne jurent que par lui. » Ou encore : « Ne lui jetons pas la pierre trop rapidement, c'est quand même l'un des plus grands experts de la maison. » Dans nombre d'entreprises, françaises au moins, on apprend vite qu'on ne fait pas toujours (pas souvent ?) carrière avec des résultats, même si le directeur des ressources humaines clame le contraire à longueur de journée. De modestes managers occupent des postes clés. Inversement, d'excellents managers attendent toujours leur nomination. Les logiques de promotion sont à chercher ailleurs que dans la performance : les réseaux, les comportements, entre autres.

Le dispositif
de management

Les managers ne font pas que du management. Ils passent une partie non négligeable de leur temps à produire, à faire plus qu'à faire faire. Tous les managers ne font pas la même chose. Le rôle de chaque manager est une combinaison spécifique de tout ou partie des cinq rôles de management que nous avons vus précédemment :

- valorisation des ressources humaines ;
- pilotage d'unité ;
- animation d'équipe ;
- développement des collaborateurs ;
- coordination avec l'extérieur.

Entre les managers d'une même entité, entre les managers d'une même ligne hiérarchique, il y a une division du travail de management. Mais elle n'est pas la seule. En effet, les managers ne sont pas les seuls à remplir la fonction de management. Avoir de bons managers n'est pas suffisant pour que la fonction de management soit correctement remplie. Les directions fonctionnelles participent aussi à la transformation du travail en performances. La division du travail de management est verticale, mais aussi horizontale. La distribution des rôles de management varie d'une entreprise à l'autre. Elle dépend de deux éléments avec lesquels elle interagit, avec lesquels les rôles forment le dispositif de management : les objectifs poursuivis par l'entreprise, d'une part, les leviers qu'elle actionne pour obtenir des résultats conformes aux objectifs, d'autre part.

Le management est une fonction dont la finalité est de produire des performances. Mais comment s'opère cette transformation ?   Appréhender le management comme une fonction permet de répondre à la question « à quoi sert-il ? », mais ne dit rien du comment. Pour cela, il faut le penser comme un dispositif. Le management est une fonction ; c'est aussi un dispositif. On regarde la même réalité, mais sous un angle différent. Le dispositif de management comporte trois composants liés les uns aux autres : les objectifs poursuivis par l'entreprise, les leviers (structurels, culturels, instrumentaux et humains) qu'elle actionne pour les atteindre et le rôle des acteurs opérationnels et fonctionnels qui participent à produire les performances. Nous avons consacré la partie précédente au rôle des acteurs. Celle-ci concerne les deux autres composants du dispositif de management : les objectifs et les leviers. Passons en revue chacun d'eux succinctement.

Les entreprises n'ont que les objectifs qu'on leur donne

Par l'intermédiaire de sa fonction de direction, l'entreprise définit le type de performances recherchées, les buts poursuivis. Mais pour se mettre en mouvement, pour agir, il lui faut traduire les buts poursuivis en objectifs. Quelle est la différence entre un but et un objectif? Un objectif, c'est un but rendu opérationnel. L'objectif précise le but. Il le concrétise et, par là même, permet l'action (voir l'encadré p. 133).

Les objectifs ne sont pas des données exogènes complètement déterminées par les caractéristiques de l'environnement de votre entreprise. Les entreprises n'ont pas d'objectifs naturels, seuls les individus en ont. L'expression « les objectifs de l'entreprise » est trompeuse et n'a qu'une apparence de vérité. Les entreprises n'ont que les objectifs qu'on leur donne. La traduction du ou des buts en objectifs généraux est faite par vos dirigeants. Puis ce sont les managers qui, formellement ou informellement, déclinent ces objectifs le long de la ligne hiérarchique. Or, décliner n'est pas dupliquer. En fonction des objectifs négociés avec votre responsable hiérarchique, vous en fixez à votre tour à vos collaborateurs. Tous ces objectifs, les vôtres, ceux de votre responsable hiérarchique, ceux de vos collaborateurs, résultent de choix faits par des individus avec leurs imperfections, leurs intérêts propres, leur sensibilité. Il n'y a rien de mécanique dans tout cela. Il n'y a aucun déterminisme. La fixation d'objectifs est au cœur de l'activité des managers. Les objectifs résultent d'un ensemble d'interactions, d'un ensemble de négociations entre des acteurs dont les intérêts ne sont que partiellement convergents, des acteurs qui disposent d'une information incomplète et qui, pressés par le temps, agissent dans l'urgence. Bref, des acteurs par définition imparfaits, des managers de la « vraie vie ».

Vos entreprises ne poursuivent pas un seul objectif mais plusieurs. Inutile de se laisser aller à quelque angélisme. Ces objectifs sont divergents pour une partie, convergents pour une autre. Ce n'est ni anormal ni pathologique. C'est lié à la complexité de vos entreprises. Pour satisfaire les clients, l'usine doit produire au moindre coût tandis que les délais de livraison des commerciaux doivent être les plus courts possible. Le directeur de l'usine cherche à diminuer le niveau des stocks, voire à ne fabriquer qu'à la commande, pendant que le directeur commercial, lui, pestera contre les équipes de vente qui n'ont pas eu la sagesse de gonfler leurs prévisions commerciales pour s'assurer un minimum de stock « tampon ». Pourquoi ? Parce que le délai de fabrication de l'usine est dans bien des cas plus important que le délai de livraison exigé par les clients. Au niveau des stocks, les objectifs de l'usine et des commerciaux sont clairement divergents. Dans d'autres cas, au contraire, ils convergeront, mais divergeront de ceux du marketing ou de la R & D par exemple. Les objectifs sont convergents et divergents. L'un de vos rôles en tant que manager est donc de procéder aux arbitrages nécessaires dans les situations quotidiennes : « Dans le cas présent et compte tenu des circonstances, quels objectifs privilégier ? »

La notion d'objectif[1] est au cœur du management

Un objectif peut avoir plusieurs sources : les domaines sur lesquels l'entreprise veut s'améliorer, les besoins des clients encore non satisfaits, les performances des principaux concurrents, ... Un objectif, c'est un but rendu opérationnel. L'objectif convertit le but en cible à atteindre.

La notion d'objectif est au cœur du management. Il n'y a pas de management sans objectifs. Pourquoi ? Tout simplement parce que sans objectifs on ne peut pas mesurer les performances. La notion d'objectif est simple, mais souvent mal comprise. Un objectif définit un écart entre un état présent constaté et un état futur souhaité. Un écart entre deux situations, l'une étant préférable à l'autre. Ce n'est pas une intention, une finalité ou un but. Ce n'est pas non plus une activité, une mission, ..., encore moins un projet ou un programme. L'objectif énonce le ou les résultats attendus, précise l'échéance ou le délai. En prenant connaissance d'un objectif ou après avoir fixé un objectif, vous devez pouvoir répondre à la question suivante : à quoi verrai-je qu'il est ou qu'il n'est pas atteint ? Ce faisant, les objectifs que vous fixez à vos collaborateurs doivent être SMART, c'est-à-dire Spécifiques, Mesurables, Ambitieux, Réalistes et inscrits dans le Temps. C'est du moins ce que recommandent les manuels de management. Mais dans la « vraie vie », vos objectifs, ceux que vous avez fixés à vos collaborateurs, sont-ils toujours

---

1. Pour en savoir davantage sur la notion d'objectif, vous pouvez consulter l'ouvrage de Pierre MORIN, *L'Art du manager – De Babylone à l'Internet*, Éditions d'Organisation, 1998.

.../...

SMART ? Si ce n'est pas le cas, comment mesurez-vous les performances ? Comment pouvez-vous manager, c'est-à-dire transformer du travail en performances, si vous n'êtes pas capable de mesurer ces dernières ?

Les objectifs se trouvant en contradiction les uns avec les autres, toute entreprise apprend au fil du temps à les hiérarchiser, à les prioriser. C'est d'ailleurs un des rôles essentiels des managers. Là non plus, il n'y a rien de mécanique. La hiérarchisation des objectifs, comme leur fixation, résulte de multiples négociations entre des acteurs dont les intérêts ne sont que partiellement convergents. Votre entreprise cherche simultanément à accroître ses marges et développer son chiffre d'affaires. Pourquoi pas ! Mais dans les moments de récession, diminue-t-elle ses prix de vente pour continuer à gagner des parts de marché en acceptant un temps des marges moins importantes ou, au contraire, accepte-t-elle de perdre des parts de marché en maintenant ses prix pour préserver les marges ? Deux entreprises poursuivant les mêmes objectifs peuvent ne pas les hiérarchiser de la même manière. Par ailleurs, la hiérarchisation des objectifs d'une entreprise peut varier au fil du temps. Telle entreprise a toujours privilégié le maintien de l'emploi sur les gains de productivité. Aujourd'hui, compte tenu du poids des contraintes budgétaires, c'est l'inverse.

Instrument, procédure, clan et compétences

Pour obtenir des résultats conformes aux objectifs poursuivis, l'entreprise actionne des leviers tout à la fois instrumentaux, structurels, culturels et humains. Pour produire des performances, atteindre les objectifs qu'elle s'est fixée, votre entreprise met en place des outils, s'adosse à des structures, s'appuie sur sa culture et mobilise des compétences. En général, elle fait tout en même temps, mais pas avec la même intensité.

L'instrument est roi

Certaines entreprises privilégient les outils. On y réalise un plan stratégique à trois ans. Le budget constitue la première année du plan. Une fois le budget déterminé, on décline les objectifs en cascade le long de la ligne hiérarchique. Puis on définit les objectifs individuels fixés lors des entretiens annuels d'évaluation, eux-même articulés aux dispositifs de rémunération, formation, gestion des carrières, … Dans ces entreprises, l'instrument est roi. On produit des performances grâce aux informations mises à disposition des décideurs. C'était par exemple le but principal de la Direction Par Objectifs (DPO) qui a connu son heure de gloire dans les années 1970 ; DPO que l'on voit réapparaître avec force depuis quelques années sous une autre appellation : le management de la performance.

La Direction Par Objectifs[1] : une philosophie de management

La Direction Par Objectifs (DPO) est une philosophie du management fondée sur deux principales convictions :
• tout manager, du directeur général à l'agent de maîtrise, a besoin d'objectifs clairement définis qui doivent découler des buts de l'entreprise ;
• si chaque manager doit être tenu pour responsable des résultats de son activité, c'est à lui seul de suivre ce qu'il fait pour obtenir ses résultats.
Pourquoi ces deux convictions ? Les managers ne sont pas automatiquement guidés vers un but commun, en particulier à cause de la division du travail, force centrifuge qui déchire l'entreprise et la transforme en une confédération désordonnée. Pour éviter cela, il faut que les managers voient l'entreprise comme un tout et puissent replacer ce qu'on attend d'eux dans un ensemble cohérent. Un bon moyen de guider les efforts des managers vers un but commun est de leur fixer des objectifs traduisant la contribution qu'ils doivent fournir au succès du groupe plus important dont ils font partie. Ensuite, chaque manager doit recevoir les informations dont il a besoin pour juger de sa propre action. Il doit les recevoir en temps voulu et effectuer toutes les modifications nécessaires pour obtenir les résultats escomptés. Ces informations doivent lui parvenir directement. Un manager ne peut être tenu pour responsable des résultats de son unité seulement s'il a en sa possession toutes les informations dont il a besoin pour agir. Voilà en quelques mots résumée la philosophie de la DPO.

---

1. On doit la DPO à Peter DRUCKER (voir la présentation succincte de son ouvrage majeur, *La pratique de la direction des entreprises*, p. 147). Si vous souhaitez en savoir plus sur la DPO, vous pouvez consulter l'ouvrage de Pierre MORIN, *op. cité.*

© Éditions d'Organisation

L'organigramme, un monument sacré

Dans d'autres entreprises, on mise avant tout sur les structures. L'organigramme est un monument sacré. Il y a une règle pour tout. Ces entreprises sont ce qu'on appelle parfois un peu péjorativement des « bureaucraties ». Mais, au-delà d'une certaine taille, une entreprise peut-elle ne pas être bureaucratique ? La règle, la procédure, le mode opératoire, …, sont aussi des moyens de produire des performances. Ici, on ne produit plus des performances en fournissant les informations nécessaires à la décision, mais en indiquant comment se comporter : « dans telle situation, voilà ce qu'il faut faire ». C'était le but principal du Taylorisme : découper le travail en unités simples et élémentaires pour trouver la « bonne » organisation, puis mettre la « bonne » personne au « bon » poste pour faire ce qu'il y a à faire et, ce faisant, produire les performances recherchées. Le modèle n'a plus très bonne presse. Mais il a eu son heure de gloire et, même si beaucoup s'en défendent, reste encore très présent dans bon nombre d'entreprises.

Le régne de l'informel

D'autres entreprises privilégient leur culture. C'est le règne de l'informel : il n'y a pas d'organigrammes formalisés, pas de procédures bureaucratiques, pas d'entretiens annuels, jamais aucun compte rendu de réunion, … En revanche, la culture est très forte. On entre dans ces entreprises comme en religion. Les valeurs et les croyances de la culture norment et cimentent les comportements. La coordination se fait par ajustement mutuel. On se met assez facilement d'accord, au moins sur l'essentiel, puisqu'on partage la même « vision du monde ». En outre, on ne supporte pas le poids d'une trop grande formalisation des structures quand il faut s'adapter rapidement aux évolutions des marchés. La prescription des comportements n'est plus formelle comme avec la structure, mais informelle. Elle n'en est pas moins prégnante pour autant.

Manager des divas

Dans les dernières, c'est l'individu qui fait la différence. L'entreprise est composée de « stars » (des médecins, des chercheurs, des journalistes, des avocats, entre autres). Sa performance ne peut pas être normalisée car elle est directement liée à l'expertise de ses salariés. Dans ce type d'entreprises, l'homme est véritablement la première richesse de l'entreprise. Paradoxalement, la direction des ressources humaines y est peu présente. Les ressources humaines sont gérées directement par les managers qui doivent savoir « manager des divas ». L'un de leurs grands challenges est de réussir à les faire coopérer, à les faire travailler ensemble dans le cadre de projets transversaux. La performance d'une école de management, par exemple, dépend de la notoriété de ses professeurs, mais aussi de leur capacité à travailler ensemble pour élaborer et réaliser des programmes pédagogiques qui rencontrent la demande du marché, les attentes des clients : les élèves et les entreprises qui les recruteront. Ce n'est pas tout d'avoir des « stars », encore faut-il qu'elles travaillent ensemble. Une entreprise n'est pas qu'une collection d'individualités.

Cohérence ! Vous avez dit cohérence ?

Le dispositif de management est composé de trois éléments : les objectifs poursuivis par l'entreprise, les leviers (structurels, culturels, instrumentaux et humains) qu'elle actionne pour les atteindre, le rôle des acteurs qui participent à transformer du travail en performances. Ces éléments sont liés les uns aux autres. En fonction des objectifs retenus, les leviers pertinents varient. Telle entreprise, focalisée sur des performances économiques de court terme, rentabilité et chiffre d'affaires par exemple, se dotera d'outils de pilotage sophistiqués. Telle autre, cherchant la satisfaction des clients à tout prix, s'appuiera sur sa « culture client », meilleur vecteur de diffusion de l'esprit de service. La nature des leviers actionnés se traduira par une répartition spécifique des rôles entre les acteurs du dispositif de management. L'entreprise concentrée sur des performances économiques de court terme, se dotant d'outils de pilotage sophistiqués, doit nécessairement avoir un contrôle de gestion fort : *"Business partner"*, voire « Technostructure », mais sûrement pas « Nini ». Cela induit inévitablement des relations de nature particulière entre les contrôleurs de gestion et les managers et, par répercussion, cela participe à structurer le rôle de ces derniers.

Une entreprise du secteur pharmaceutique est leader sur son marché. Son avantage concurrentiel : l'innovation technologique. Dans cette entreprise, on n'est pas à un euro près, surtout pour développer de nouveaux produits. Chaque développement doit être le plus performant techniquement. La performance est d'abord technique. Comment est-elle obtenue ? À travers les compétences de ses chercheurs, des « divas ». On recrute les meilleurs à travers le monde. Une fois dans l'entreprise, on les « chouchoute », on se « plie à leurs quatre volontés » pour qu'ils restent, pour éviter qu'ils ne partent à la concurrence. Dans cette entreprise, on ne manage pas des ressources humaines, encore moins du personnel, mais des personnes. Chaque chercheur est particulier. Il attend d'être traité comme une personne, pas seulement comme une ressource. D'ailleurs, dans cette entreprise, quand on parle de ressources, on parle de ressources technologiques, pas de ressources humaines. La gestion des personnes ne peut pas être collective. Elle est par définition individuelle. Du coup, elle est assurée beaucoup plus par les managers de proximité que par la direction des ressources humaines. Charge à eux de constituer des « équipages bien embarqués » pour transformer du savoir et de l'expertise en performances. Là aussi, on peut être très savant, sans être performant. On peut passer beaucoup de temps à chercher sans jamais rien trouver.

Il n'y a pas de bons ou de mauvais dispositifs

Il n'y a pas un seul et unique dispositif de management. Si le dispositif idéal existait, cela se saurait : tout le monde aurait le même. La pertinence d'un dispositif de management ne dépend pas seulement de la qualité de chacun de ses composants pris séparément, mais aussi, et surtout, de leur cohérence. Pour produire des performances, il doit y avoir un minimum de cohérence entre chacun des composants du dispositif. Le choix des leviers à actionner ne dépend pas uniquement des objectifs poursuivis et de la capacité des acteurs opérationnels et fonctionnels à mettre le tout sous tension. Il dépend aussi d'autres variables comme le degré d'incertitude de l'environnement de l'entreprise ou encore la taille de cette dernière. Dans un environnement très incertain par exemple, l'entreprise privilégiera la culture aux structures pour préserver sa souplesse et sa capacité d'adaptation. Inversement, une entreprise de taille importante aura besoin d'un minimum de structure : règles, procédures, … D'autres variables entrent donc en ligne de compte, mais les trois composants du dispositif de management doivent présenter un minimum de cohérence entre eux. Si bien que quand les objectifs poursuivis changent, ou quand l'entreprise les hiérarchise de manière différente, il faut le plus souvent actionner de nouveaux leviers et répartir les rôles de manière différente. Il n'y a pas de bons ou de mauvais dispositifs de management, mais certains sont plus cohérents que d'autres. Pour que la fonction de management soit correctement remplie, il faut un minimum de cohérence entre les trois composants du dispositif de management.

Et vous dans tout cela ?

Votre rôle de manager est une combinaison spécifique de tout ou partie des cinq rôles de management. Au sein de votre service, entre les managers de la ligne hiérarchique à laquelle vous appartenez, il y a une division du travail de management. Cette division du travail ne pose pas de problème en soi, à condition bien sûr que le travail soit coordonné. Mais cette division du travail de management n'est pas la seule. Une autre existe entre les opérationnels et les fonctionnels. Le contrôleur de gestion, le responsable ressources humaines, …, contribuent aussi à remplir la fonction de management.

Cette double division du travail de management, et avec elle la distribution des rôles de management, varie d'une entreprise à l'autre. Il n'y a pas de norme en la matière. Elles dépendent au premier chef des deux autres éléments du dispositif de management avec lesquels les rôles interagissent. En outre, votre rôle de manager n'est sans doute pas le même que celui du manager des services voisins du vôtre. Ces différences ne tombent pas du ciel. C'est en vous référant à la double division du travail de management, d'une part, aux deux autres composants du dispositif de management de votre entreprise, d'autre part, que vous pourrez comprendre la distribution des rôles de management au sein de la ligne hiérarchique à laquelle vous appartenez et donc les caractéristiques de votre propre rôle de manager. Vous êtes l'un des éléments d'un ensemble qui vous dépasse. Les managers ne sont qu'une partie du management et celui-ci ne se réduit pas à l'activité des managers. Dans certains cas, avoir de bons managers n'est donc pas suffisant pour remplir correctement la fonction de management. Dans d'autres, au contraire, la fonction de management est très bien remplie avec des managers qui n'ont rien d'extraordinaire, qui n'ont jamais mis les pieds dans une formation en management. Ils s'appliquent à faire en sorte que « ça fonctionne », et cela suffit pour produire des performances. Tout dépend des caractéristiques du dispositif de management. La cohérence entre ses composants compte davantage que la seule qualité des managers.

Les points clés

Pour obtenir des performances au sein d'une entreprise, trois fonctions doivent être correctement remplies. Il s'agit des fonctions de direction, de production et de management. La fonction de management vise à transformer du travail, issu de la fonction de production, en performances, dont les caractéristiques sont définies par la fonction de direction.

Les managers ne sont pas seuls à remplir la fonction de management. Le contrôleur de gestion, le responsable ressources humaines, …, bref les fonctionnels participent aussi à transformer le travail en performances. Ils ne sont pas managers pour autant.

Il y a deux types de division du travail de management. La première est verticale. C'est la division du travail entre les managers d'une même ligne hiérarchique. Tous les managers ne font pas la même chose. La seconde, horizontale, concerne la répartition des rôles entre les opérationnels et les fonctionnels.

À l'égard des managers, les directions fonctionnelles sont dans une relation à deux faces : contrôle d'un côté, soutien de l'autre. On peut distinguer quatre types de directions fonctionnelles selon le poids accordé à chacune de ces deux dimensions : les « Nini », les « Support », les « Technostructure » et les « *Business Partners* ».

La répartition des rôles de management entre les opérationnels et les fonctionnels dépend de deux éléments avec lesquels les rôles interagissent : les objectifs poursuivis par l'entreprise et les leviers qu'elle actionne pour les atteindre. Ensemble, ces éléments forment le dispositif de management. L'efficacité de ce dernier tient plus à la cohérence entre ses trois composants qu'à la qualité de chacun d'eux pris séparément. Il n'y a donc pas dans l'absolu de bons ou de mauvais dispositifs de management, mais certains sont plus cohérents que d'autres.

Pour aller plus loin

Warren Bennis, Burt Nanus

Diriger – Le secret des meilleurs leaders, InterÉditions, 1985.

Warren Bennis, professeur à la University of Southern California, est considéré comme l'un des spécialistes mondiaux en matière de *leadership*. Burt Nanus est directeur du centre de futurologie à la University of Southern California.

Warren Bennis et Burt Nanus sont les premiers à définir claire-ment le *leadership* comme une fonction distincte de la fonction de management. Selon eux, la différence entre les deux fonctions est de taille. Les managers savent ce qu'ils doivent faire, les leaders savent ce qu'il faut faire. Le *leadership* se préoccupe des objectifs fondamentaux et de l'orientation de l'entreprise. C'est la fonction qui confère à l'entreprise sa vision et son aptitude à la traduire en réalité. Leurs travaux nous ont notamment conduit à distinguer la fonction de direction de la fonction de management et à considé-rer que diriger n'est pas manager.

Peter Drucker

La pratique de la direction des entreprises, Éditions d'Organisa-tion, 1957.

Peter Drucker, consultant et professeur de management notam-ment à la New York University, est considéré comme le pape du management moderne et l'inventeur du management par objectifs. À la base de cette philosophie managériale, il y a le principe suivant : chaque manager a besoin d'objectifs déclinés des buts de l'entreprise.

Deux idées en particulier nous ont profondément influencé. La première est la place que Peter Drucker accorde à la notion d'objectif. Cette notion est au cœur du management. Aujourd'hui, le management par les objectifs paraît désuet. Pourquoi ? Pas parce qu'il a disparu des entreprises, mais parce qu'il est tellement passé dans les mœurs qu'il est devenu le management. On a oublié qu'on pouvait manager autrement. Nous verrons dans la troisième partie de cet ouvrage que nous sommes cependant en train de le redécouvrir. La seconde idée est liée à la notion de dispositif de management. Les objectifs sont déclinés les uns des autres le long de la ligne hiérarchique et, ce faisant, doivent former un tout cohérent. Même si Peter Drucker ne l'évoque pas explicitement, il y a là les prémisses de l'idée de dispositif de management, idée qui permet de réaffirmer la distinction entre management et managers pour laquelle nous militons dans cet ouvrage.

Henri Fayol

Administration industrielle et générale, Éditions Dunod, 1918.

Henri Fayol a été ingénieur, directeur général puis administrateur des houillères de Commentry au début du XXe siècle. C'est le Français que, dans le domaine du management, les Anglo-Saxons nous envient. Ses réflexions, issues de sa pratique de manager et de dirigeant, sont une des fondations de l'édifice management. Nous lui avons emprunté l'idée que le management est avant toute chose une fonction. Henri Fayol propose de distinguer six fonctions différentes au sein de chaque entreprise : technique, commerciale, financière, de sécurité, comptable et administrative (terme employé à l'époque pour qualifier les activités de management). De son point de vue, la fonction de management est composée de cinq grandes catégories d'activités : la prévoyance, l'organisation, le commandement, la coordination et le contrôle.

Nombre de travaux anglo-saxons ont par la suite réduit ces cinq catégories à quatre : planification, organisation, animation et contrôle. Ces quatre catégories sont devenues classiques. Elles structurent tant les cours des *Business Schools* que les manuels de management.

Nous les avons réutilisées en les adaptant pour spécifier les rôles de management, présentés dans la première partie de cet ouvrage.

Henry Mintzberg

Structure et dynamique des organisations, Éditions d'Organisation, 1982.

Henry Mintzberg est professeur de management à l'université Mc Gill de Montréal. Ses travaux sur les organisations font autorité à travers le monde. Pour Henry Mintzberg, une organisation est composée de cinq éléments :

- le sommet stratégique qui définit la direction ;
- le centre opérationnel qui fournit un travail ;
- la ligne hiérarchique qui joint le sommet stratégique au centre opérationnel ;
- deux éléments « fonctionnels ». D'une part, la technostructure qui, par délégation du sommet stratégique, définit les politiques et contrôle leur mise en œuvre. D'autre part, les fonctionnels du support logistique qui fournissent des services à la ligne hiérarchique et au centre opérationnel. Une même direction fonctionnelle, celle des ressources humaines par exemple, peut, dans des domaines différents, être composée de ces deux éléments à la fois.

C'est sur les travaux d'Henry Mintzberg que nous nous sommes appuyés pour analyser les relations entre les opérationnels et les fonctionnels et, en particulier, pour construire notre typologie des directions fonctionnelles. Nous avons aussi emprunté à Henry Mintzberg l'idée d'une division du travail de management entre les opérationnels et les fonctionnels. Il considère deux types de division du travail :

- une division technique au sein de ceux qui font ;
- une division administrative entre ceux qui supervisent (managers opérationnels) et ceux qui standardisent (fonctionnels de la technostructure).

Partie 3

Et demain, changement de programme ?

Introduction

Le manager passe ses journées à résoudre des problèmes en prenant des décisions. Pour ce faire, il tient un rôle : une combinaison spécifique de tout ou partie des cinq rôles de management. Son rôle est en interaction avec celui tenu par d'autres acteurs qui, eux aussi, participent à transformer le travail en performances : d'une part, les autres managers avec lesquels il compose la ligne de management, et, d'autre part, les directions fonctionnelles (contrôle de gestion, gestion des ressources humaines, …). Ces rôles constituent l'un des composants du dispositif de management au même titre que les objectifs poursuivis par l'entreprise et les leviers (instrumentaux, structurels, culturels et humains) qu'elle actionne pour produire des performances. La fonction de management est remplie de manière satisfaisante si le dispositif de management fonctionne bien, c'est-à-dire s'il y a un minimum de cohérence entre ses trois composants. Votre rôle et votre style de manager ne dépendent pas que de votre personnalité, mais aussi, et surtout, d'un ensemble d'éléments avec lesquels ils interagissent. Ces éléments évoluent dans le temps. Le rôle que vous jouerez demain ne sera pas forcément identique à celui que vous jouez aujourd'hui, en grande partie parce que tout ou partie de ces éléments aura évolué.

Le management n'est pas né avec l'Organisation Scientifique du Travail (OST) au début du XXe siècle, comme on le croit trop souvent. On en trouve des traces dans les textes sumériens (5 000 ans av. J.-C.), puis grecs, romains ou égyptiens. Le problème du management est lié à celui de l'action collective finalisée. Il s'est posé dès que plusieurs personnes se sont réunies pour produire ensemble un résultat qu'elles ne pouvaient atteindre séparément, pour produire une performance supérieure à chacune des performances individuelles. Un problème qui se posait déjà aux Égyptiens au moment de la construction des pyramides : transformer du travail en performances.

Si le problème du management est permanent, les solutions pour le résoudre sont, elles, contingentes à une époque, à une culture, à un type d'entreprises, … Les solutions adoptées par les Égyptiens au moment de la construction des pyramides ne sont évidemment plus adaptées aux entreprises d'aujourd'hui. Ce qui fonctionne dans une grande entreprise bureaucratique ne fonctionne pas forcément dans une start-up. Leur dispositif de management n'est pas le même. Elles poursuivent des objectifs différents et, en conséquence, n'actionnent pas les mêmes leviers, définissent et répartissent les rôles autrement. Les tendances d'évolution du management concernent les solutions, pas le problème. Votre fonction de management reste la même : transformer le travail de vos collaborateurs en performances. Ce sont les conditions dans lesquelles vous l'exercez qui évoluent, ce qu'on appelle couramment les « conditions d'exercice » du management. Celles-ci se modifient sous l'influence des évolutions économiques, techniques, organisationnelles et sociologiques. Passons chacune d'elles en revue.

© Éditions d'Organisation

Les évolutions économiques

La mondialisation de l'économie est devenue une réalité qui influence fortement le fonctionnement de vos entreprises. Quelles sont ses principales conséquences sur les conditions dans lesquelles vous exercez vos fonctions de management ? Sans prétendre à l'exhaustivité, il y en a au moins deux :

- problèmes linguistiques et culturels liés à l'internationalisation ;
- l'éclatement géographique des équipes.

La collaboration interculturelle

D'abord, vos équipes sont de plus en plus transnationales. Cela pose au premier chef un problème de langue. L'anglais devient la langue officielle de bon nombre de comités de direction, qui du coup deviennent fades et sans saveur. On y traite de moins en moins les véritables problèmes, ceux qui concernent les orientations stratégiques de l'entreprise. Pourquoi ? Parce que « Dans ma langue maternelle, je dis ce que je veux, dans une autre langue que la mienne, je dis ce que je peux ».

Les problèmes posés par l'internationalisation des entreprises ne sont pas que linguistiques, loin s'en faut. Ils sont aussi, et surtout, culturels. « Ce Hollandais (ou cet Allemand), il n'y a vraiment rien à en tirer ! » Qui n'a pas un jour ou l'autre tenu ou pensé de tels propos ? Surtout ceux qui travaillent pour une multinationale. La collaboration interculturelle est compliquée, en grande partie parce que les protagonistes de culture différente ne voient pas le problème qu'ils cherchent à résoudre ensemble à travers la même « paire de lunettes ». Leurs rationalités sont différentes. Elles diffèrent moins pour des raisons de personnalité que pour des raisons de culture et donc de contexte. Une telle coopération exige des efforts de compréhension mutuelle et de respect des différences que nous ne faisons pas toujours spontanément, même si votre entreprise affiche dans sa charte le respect comme l'une de ses valeurs fondamentales. Il ne suffit pas de dire pour faire, d'afficher pour pratiquer.

Manager à distance, manager autrement

Seconde conséquence importante de la mondialisation : vos équipes sont de plus en plus éclatées géographiquement. Il n'est maintenant plus rare d'avoir des collaborateurs aux quatre coins de la planète. Certains d'entre vous deviennent ainsi des « télé-managers ». Le mail, le téléphone et la visioconférence permettent la délocalisation (on n'a plus besoin d'être au même endroit pour travailler ensemble) et la désynchronisation (on peut coopérer en temps décalé). Les solutions technologiques existent, mais elles ne font pas tout. Les modes de contrôle sont au moins autant modifiés que les modes de communication. Comment contrôler le travail de quelqu'un qu'on ne voit presque jamais ? Manager à distance, ce n'est pas manager plus ou mieux, c'est manager autrement ! Ce type de management reste pour beaucoup à inventer.

Les solutions technologiques sont une condition nécessaire mais pas suffisante au travail à distance. Travailler en réseau ne se réduit pas à échanger des données et des informations. Travailler en réseau, c'est avant tout travailler en équipe. Si une équipe virtuelle est composée de personnes qu'on n'a pas constamment sous la main, sa constitution suppose des contacts fortement personnalisés. Cela renforce, tout en le transformant, votre rôle d'animation. Plus l'équipe est éclatée, plus elle a besoin d'animation. Or, les attitudes, la voix, les regards, les gestes qui emportent l'adhésion, … bref tout ce qui fonde votre autorité personnelle fonctionne moins dans le travail à distance. Il faut trouver d'autres leviers, utiliser d'autres moyens.

Certains managers croient, ou plutôt espèrent, que le travail va se transformer tout seul en performances. Ils ne jouent pas vraiment leur rôle de manager. Parfois par manque d'appétence ou de compétence, souvent faute de pouvoir actionner les bons leviers ! Ce sont des adeptes du « laisser-faire », et la distance risque d'amplifier ce phénomène. Le nombre d'adeptes du « laisser-faire » pourrait augmenter significativement. « Loin des yeux, loin du cœur ! » Ceux d'entre vous qui gèrent une équipe à distance feraient bien de méditer ce vieux proverbe. Du coup, le déficit de management qu'on note déjà aujourd'hui risque de s'aggraver demain.

Manager le changement, manager dans le changement

La mondialisation est doublée d'un accroissement sensible et général de l'intensité concurrentielle. Les domaines non concurrentiels sont de moins en moins nombreux. Ceux qui l'étaient déjà le sont davantage. Qu'est-ce qui vous différencie de vos concurrents ? Quelles sont vos compétences distinctives ? Voilà des questions qui (re)deviennent d'une brûlante actualité pour beaucoup d'entreprises. Les stratèges savent parfaitement qu'intensité concurrentielle et exigence de différenciation sont liées. C'est même le B.A.BA de la stratégie. Plus la concurrence est vigoureuse, plus vos entreprises doivent trouver leur propre chemin. Souvent, la stratégie ne vise pas à courir plus vite que les autres, mais à courir sa propre course.

Ces questions concernent plus la fonction de direction que la fonction de management. Néanmoins, la recherche de différenciation trouve deux traductions concrètes qui influent fortement sur les conditions d'exercice du management. La première concerne la durée de vie des produits. Un axe important de différenciation pour vos entreprises consiste à renouveler rapidement et régulièrement leur gamme de produits. Proposer le plus fréquemment possible de nouveaux modèles plus performants et conviviaux que ceux des concurrents : voilà l'un des principaux facteurs de succès sur des marchés où les clients sont plus exigeants et moins fidèles. Quelle répercussion pour vous ? Une accélération des changements. Là où cette entreprise de meubles développait jadis trois nouveaux produits tous les dix ans, elle développe aujourd'hui dix nouveaux produits tous les trois ans. Le changement n'est plus l'exception ; parce que son rythme ne cesse de s'accélérer, il devient la règle.

Par conséquent, les entreprises ne peuvent plus gérer le changement par exception. Il devient un véritable problème de management nécessitant qu'elles y investissent des ressources spécifiques. Avec l'Organisation Scientifique du Travail, les entreprises se sont professionnalisées pour produire. Avec les techniques et les méthodes modernes du marketing et de la publicité, elles se sont professionnalisées pour vendre. Avec les techniques et les méthodes de gestion de projet, elles se sont professionnalisées pour concevoir et développer leurs produits. Aujourd'hui, ces mêmes entreprises se professionnalisent pour changer. Certaines se dotent de structures dédiées à la gestion du changement. Après les gestionnaires de projet, on voit apparaître çà et là des agents de changement. Ailleurs, la gestion du changement devient explicitement l'une des missions de la direction des ressources humaines ou de la direction de la communication, parfois même des deux à la fois. D'autres trouvent au contraire qu'une structure dédiée est superflue, voire inutile. Les avis divergent donc. Un point fait cependant l'unanimité : du directeur général à l'agent de maîtrise, les managers sont les acteurs clés du changement. Les entreprises parient largement sur vous pour gérer le changement. Souvent, on vous demande de vous « mettre à la fenêtre » pour être à l'écoute du changement.

Pour transformer du travail en performances, vous devez aussi gérer le changement. Les rôles de management s'enrichissent d'une dimension nouvelle. Mais cette évolution en cache une autre : vous n'exercez plus votre rôle de manager dans le même contexte. « Pendant les travaux, la vente continue ! » Si vous managez le changement, vous managez aussi dans le changement. Dans un contexte de changement, les problèmes restent les mêmes, mais leur origine est différente. Par exemple, routine, monotonie, lassitude, sclérose sont à l'origine de nombreux problèmes de motivation dans un contexte resté stable de trop nombreuses années. En période de changement, l'origine des problèmes de motivation est plutôt à chercher du côté de l'incertitude, du désordre, du stress, de l'angoisse, du manque de visibilité et de repères.

Client et rentabilité : toujours plus d'exigences

Le second axe de différenciation concerne le client. Le client est plus exigeant, informé, volatil et capricieux. Pour mieux satisfaire ses besoins et répondre précisément à ses attentes, les entreprises le font entrer en leur sein et cessent de le considérer simplement comme un élément, même déterminant, de leur environnement. Les commerciaux ne sont plus les seuls à être en relation avec les clients. Les services dits « d'interface », dans lesquels une partie au moins du personnel est en relation directe ou indirecte avec le client, sont de plus en plus nombreux. Ce faisant, un nombre croissant de managers sont redevables d'une performance vis-à-vis d'un ou de plusieurs clients.

En outre, avec la vogue de la qualité totale, le client n'est plus seulement externe, il est aussi interne. Chaque manager est le fournisseur d'un ou de plusieurs clients. Les relations entre les services sont donc des relations de client à fournisseur. Quand on décrit les processus, avant de préciser ce qu'on fait, on s'intéresse au client du processus et à ses critères de satisfaction. On s'intéresse aux résultats avant de savoir comment y parvenir. D'ailleurs, vous présentez l'activité de votre service en mettant davantage en avant les contributions que vous fournissez à d'autres unités dans le cadre de processus bien identifiés, que ce qu'on y fait, que le département auquel vous appartenez. Vous êtes aujourd'hui plus dans une logique de résultat que d'activité. Les processus comptent plus que les organigrammes.

Du reste, la logique de résultat pénètre beaucoup plus profondément l'entreprise par l'intermédiaire du client que par les systèmes de Direction Par Objectifs (DPO), que nous avons déjà évoqué précédemment. De ce point de vue là, l'insertion du client au sein de l'entreprise n'est pas la seule évolution en cours. Son poids est renforcé par l'exigence accrue de rentabilité à laquelle sont soumises nombre d'entreprises. Avec la financiarisation de l'économie, évolution parallèle à la mondialisation, les mots d'ordre sont « rentabilité des investissements » et « création de valeur pour l'actionnaire ». Et cela n'est pas prêt de s'arrêter ! La création de valeur n'est plus de la seule responsabilité des directeurs de division. Ils n'en ont plus l'apanage. Beaucoup plus bas dans la hiérarchie, les managers sont de plus en plus nombreux à avoir leur propre compte de résultats. Tout le monde est logé à la même enseigne. En plus d'avoir des clients pour vous rappeler régulièrement vos engagements, vous avez à obtenir des résultats plus quantifiés, donc davantage évaluables et mesurables. On comprend que la pression soit plus importante. Fini le temps du management romantique. C'est d'ailleurs dans ce contexte que l'on voit réapparaître, de manière plus fructueuse que dans les années 1970, les systèmes de management par objectifs sous le vocable moins désuet de « management de la performance ».

Les évolutions techniques

Les Nouvelles Technologies de l'Information et de la Communication (NTIC) ne sont plus si nouvelles que cela. Certains préfèrent d'ailleurs parler des Technologies de l'Information et de la Communication (TIC). Nouvelles ou pas, ces technologies modifient fondamentalement la circulation de l'information au sein des entreprises. Et cela influe considérablement sur les conditions dans lesquelles vous exercez votre fonction de manager. Les circuits de communication ne sont plus seulement descendants et ascendants, c'est-à-dire verticaux. Ils sont aussi largement horizontaux. La hiérarchie cesse d'être le seul canal de communication. On n'attend plus que vous filtriez l'information. Rôle hier très régulateur, aujourd'hui synonyme de rigidité. Vous n'avez plus ni le monopole, ni même dans certains cas la primauté de l'information. Vos collaborateurs ont accès à des informations qui ne sont pas forcément passées au préalable entre vos mains, voire que vous ne possédez pas. Comment ? Parfois simplement parce qu'ils sont mieux équipés que vous ou savent mieux utiliser les fonctions de leur matériel informatique.

L'information : un pouvoir mieux partagé

En outre, on ne s'étonne plus de voir quelqu'un adresser un e-mail à une personne se situant plusieurs niveaux hiérarchiques au-dessus de lui. Au contraire, se comporter de la sorte est synonyme de performance. Souvent, certaines directions générales, de manière parfois un peu démagogique, encouragent ce type de comportements. Certains claironnent alors que l'information cesse d'être une source de pouvoir. Il n'en est rien ! Simplement, le pouvoir lié à l'information est davantage partagé entre vos collaborateurs et vous. Les canaux traditionnels de circulation de l'information ont volé en éclats. Du coup, les sources de pouvoir liées à l'information ne sont plus seulement officielles et ne se réduisent plus au contrôle des moyens immatériels, source de pouvoir à laquelle vous accédiez par l'intermédiaire de l'autorité attachée à votre fonction. Votre pouvoir ne s'est jamais réduit à l'autorité formelle. Le penser était un leurre. Quand la circulation de l'information était exclusivement verticale, on ne mesurait pas bien le pouvoir que votre rôle de « portier » vous donnait, tant c'était naturel. Maintenant que cela n'est plus le cas, vous savez bien ce que vous avez perdu. Tous les jours, vous en mesurez davantage les conséquences.

Les TIC permettent l'instantanéité des échanges et des flux d'information. On voit apparaître les possibilités technologiques d'un management en temps réel. Pourquoi et comment ? Une décision est un processus qui comporte a minima trois grandes étapes : l'analyse du problème, la recherche de solutions et le choix de la solution la plus appropriée. Dans tous les domaines de l'entre-

© Éditions d'Organisation

prise, du développement à la vente en passant par la production, grâce aux TIC, cette chaîne d'opérations peut désormais se dérouler sur un tout autre timing.

Vit-on la fin des managers ?

Mais les TIC posent aussi la question de l'existence même des managers. Et si vous étiez devenu inutile ? Vous planifiez et contrôlez le travail exécuté par vos collaborateurs. C'est votre rôle de pilotage. Pour cela, vous disposez de l'information nécessaire à la prise de décision. Mais aujourd'hui, les TIC permettent à ceux qui exécutent le travail, c'est-à-dire vos collaborateurs, d'avoir accès à des informations leur permettant d'être aussi impliqués dans la planification et le contrôle des résultats. La décision était l'apanage de celui qui contrôlait l'information : le manager. À partir du moment où cette information est aussi entre les mains de vos collaborateurs, on peut commencer à remettre en cause votre valeur ajoutée. Les équipes de travail deviennent autonomes. On vous demande alors de les coacher. Vous ne seriez plus des managers, mais des animateurs. On attend que vous vous recentriez sur vos rôles de développement et d'animation, c'est-à-dire sur la dimension humaine de votre fonction. Dans certaines entreprises d'ailleurs, quand on parle de management, on parle en fait de développement des personnes et d'animation des équipes. Les managers sont des animateurs. Certaines mauvaises langues pourraient dire des « gentils animateurs » pour ne pas dire des « gentils organisateurs ». Pour le reste, on parle de gestion.

On met alors l'accent sur le fait que la responsabilité du pilotage relève davantage du contrôle de gestion que des managers. Dans le même état d'esprit, on note un retour en force, depuis quelques années, des approches psychologiques dans le domaine du management. Cela n'est pas anodin et participe de la même évolution.

Parce que les technologies auxquelles elles recourent sont de plus en plus sophistiquées, les entreprises ont besoin de compétences. Le niveau moyen de formation et de qualification des salariés ne cesse d'augmenter. Plus aucune entreprise ne peut se payer le luxe de ne pas gérer ces compétences. Il lui faut développer celles qu'elle ne peut acquérir en l'état sur le marché du travail. Ces évolutions se sont faites sur plusieurs décennies. Si bien qu'on se rend moins bien compte du changement et de ses conséquences sur les conditions d'exercice du management. Et pourtant ! Quel que soit votre niveau hiérarchique, l'écart entre vos compétences et celles possédées par vos collaborateurs s'est considérablement réduit. Il y a de moins en moins celui qui sait d'un côté et ceux qui exécutent de l'autre. Ce faisant, l'une des hypothèses fondamentales sur lesquelles repose la « vision du monde » du manager directif vole en éclats. En outre, vous êtes de plus en plus nombreux à avoir dans votre équipe des personnes plus compétentes que vous.

On est là face à une évolution fondamentale. En effet, en France au moins, les managers ont longtemps tiré leur légitimité de leur technicité. Souvent d'ailleurs, on vous a nommé à un poste de management, non parce qu'on estimait que vous aviez le meilleur potentiel pour faire du

166

management, mais parce que vous étiez le meilleur techniquement. Si votre légitimité ne vient plus de votre technicité, d'où vient-elle ? « C'est une bonne question ! Merci de me l'avoir posée », répondraient volontiers nombre de managers ! Là aussi, c'est tout un édifice à reconstruire. Il faut de surcroît rapprocher ce problème de celui posé par la crise de l'autorité que traverse notre société, crise qui n'épargne pas non plus le management et les managers. Face aux anxiétés de statut et de compétence, les managers développent différents types de réflexes plus ou moins heureux. En particulier, le réflexe autoritaire qui, dans certains cas, annonce le retour des « petits chefs ». Et un paradoxe apparaît : on a jamais autant parlé d'autonomie au travail qu'en ce moment et, en même temps, de harcèlement.

Manager des travailleurs du savoir

Autre conséquence, et non des moindres, de ces évolutions techniques : la production devient de plus en plus immatérielle et, du coup, le travail plus intellectuel. Dans leur majorité, les salariés sont aujourd'hui des travailleurs du savoir. Or, les recettes connues de recherche de la performance, largement issues de la tradition taylorienne, ne sont pas adaptées à l'optimisation de l'essentiel du travail intellectuel. Par exemple, se (re)pose une question simple en apparence, mais fondamentale pour le management : comment mesurer la performance individuelle des « *doers* » ? Hier, on avait une réponse simple : contrôler les temps. Pour le travail intellectuel, la mesure du temps est une condition nécessaire, mais pas suffisante. La valeur d'une production immatérielle reste souvent difficile à évaluer. Le suivi de l'activité du travailleur du savoir n'est donc pas toujours instrumenté, les objectifs qu'on lui fixe pas toujours SMART (voir l'encadré de la p. 133). Du coup, dans nombre de situations de la « vraie vie », vous ne pouvez vous en remettre qu'à votre bon sens et à votre propre expérience.

Il n'y a pas de management sans objectifs. En effet, sans objectifs, on ne peut pas mesurer les performances. Mais comment fait-on quand il est difficile, voire impossible, d'en fixer ? La production matérielle se mesure, la production immatérielle beaucoup moins facilement. Quand l'environnement est trop changeant, on peut réduire la périodicité d'évaluation des résultats, prévoir des points d'étape pour réaménager les objectifs. Mais parfois, à peine fixés, les objectifs sont déjà caducs. Des situations aujourd'hui locales et spécifiques, commes celle des chercheurs par exemple, vont, sinon se généraliser, au moins s'étendre demain. Le travail intellectuel et l'incertitude mettent à mal nombre de pratiques de fixation d'objectifs, d'évaluation de résultats et, donc, de management.

Les évolutions organisationnelles

Raccourcissement des lignes hiérarchiques et structure plate, transversalité et fonctionnement par processus, organisation en réseau et par projet, polyvalence et groupes autonomes, décentralisation et subsidiarité, …, sont les principaux mots d'ordre des deux dernières décennies en matière d'organisation. Ces évolutions organisationnelles sont des traductions concrètes de deux tendances de fond : autonomie et transversalité. Quelles conséquences ont-elles sur les conditions d'exercice du management ?

Une autonomie officielle et affichée

Dans une organisation traditionnelle, on attend fondamentalement des salariés qu'ils respectent notamment des règles, des procédures, des modes opératoires, définis par d'autres. L'autonomie reconnue à ceux qui agissent, par opposition à ceux qui pensent, est limitée. On entretient même pendant un temps le fantasme bureaucratique de la faire disparaître complètement. Les sociologues des organisations ont cependant bien mis en exergue que, en jouant avec et sur les règles, chacun de vos collaborateurs arrive toujours à se reconstituer un minimum de marge de liberté. Mais cette dernière est clandestine, c'est-à-dire non reconnue officiellement au sein de l'organisation. Ce qui change aujourd'hui, c'est qu'on leur accorde et reconnaît davantage d'autonomie. Cette autonomie, officielle et affichée, permet de placer le pouvoir de décision au plus près des problèmes, de faire face rapidement aux aléas, de développer esprit d'initiative et d'innovation tout au long de la ligne hiérarchique ; autant d'atouts qui permettent à votre entreprise d'accroître sa capacité d'adaptation à un environnement plus instable.

L'autonomie se justifie du fait de l'incapacité de prévoir et de prescrire l'ensemble des situations que vos collaborateurs sont susceptibles de rencontrer dans l'exécution de leur travail. Pour apporter des solutions à des problèmes de plus en plus diversifiés, faire face aux aléas d'environnements de moins en moins prévisibles, le tout sous forte contrainte d'urgence et de coût, les organisations « modernes » cherchent, sous diverses formes, à réunir ce qu'on avait hier séparé : la conception et l'exécution du travail. Le travail est moins standardisé par les procédés, plus par les résultats. Les règles sont moins prescriptives. Ce faisant, pour les gardiens de leur application, c'est-à-dire les managers, elles sont des leviers d'action moins judicieux pour produire des performances. Il devient de plus en plus difficile de manager par les règles.

Quelle est la conséquence de tout cela sur les conditions d'exercice du management ? Le développement de l'autonomie affecte l'une des ressources de pouvoir essentielles traditionnellement entre vos mains : le contrôle des moyens matériels (équipement, finance) et immatériels (information). Être autonome signifie avoir les moyens de son action. Sans quoi l'autonomie est une « fausse barbe » et reste une déclaration d'intention. Avoir des collaborateurs autonomes, c'est avoir des collaborateurs qui, par délégation, contrôlent davantage de moyens. C'est la base du principe de subsidiarité si souvent revendiqué par les entreprises « modernes ». On peut redire ici ce que nous avons dit du management à distance : manager des collaborateurs autonomes, ce n'est pas manager plus ou mieux, c'est manager autrement !

Des collaborateurs multi-appartenants

Là où les organisations traditionnelles sont parcellisées et verticalisées, on cherche à développer la transversalité et le travail de groupe dans des structures en réseau et par projet. De spécialisés et mono-actifs, vos collaborateurs deviennent polyvalents, multi-appartenants et dépendants davantage les uns des autres pour remplir leur mission réciproque : rattachés à une ou plusieurs unités d'organigramme, par exemple dans le cadre de structures matricielles, ils contribuent à différents processus, participent simultanément à plusieurs projets, … La transversalisation des organisations trouvent deux traductions structurelles dont les conséquences sur les conditions d'exercice du management ne sont pas les mêmes : le projet et les structures matricielles.

Le management par projet présente deux grandes caractéristiques : c'est un management hors hiérarchie et à durée déterminée. Le plus souvent, les acteurs d'un projet ne dépendent pas hiérarchiquement de celui à qui on en confie la responsabilité. Pour autant, ce dernier n'en est pas moins dans une situation de management où il s'agit bien de transformer du travail en performances. Le projet mobilise des ressources consacrées, au moins pour partie, à d'autres activités. Son mode d'animation ne peut donc pas être de même nature que celui qui s'inscrit dans une relation hiérarchique traditionnelle. Quels leviers pouvez-vous actionner pour obtenir des performances de la part des membres d'une équipe projet ? La réponse à cette question est loin d'être évidente. Elle en repose une autre plus fondamentale encore : celle du pouvoir. Pouvoir que, concernant les managers de projet, on qualifie pudiquement d'influence, par opposition au pouvoir hiérarchique. Pouvoir d'influence du manager de projet dont on sait bien qu'il ne peut se réduire à son seul charisme. Affirmer le contraire, c'est en rester au niveau des discours lénifiants, c'est aussi laisser bien peu de chances de réussite au management par projet.

Ensuite, un projet a un début et une fin. Centré sur un résultat, une fois ce dernier obtenu, le projet s'arrête. Le dispositif bâti à cet effet disparaît. La structure du projet est temporaire. Elle se superpose aux structures permanentes du reste de l'entreprise. La relation entre les acteurs d'un projet est donc bornée dans le temps. Pendant toute la durée de leur coopération, non seulement les parties savent qu'elles vont se quitter, mais, en plus, elles connaissent la date de leur séparation. On passe d'un management à durée indéterminée à un management à durée déterminée. Aujourd'hui, les séparations sont plus fréquentes qu'hier, la relation managériale nécessairement différente. Nous n'aurions pas la relation que nous avons avec notre conjoint ou conjointe, si nous savions que, à telle date, nous allions devoir nous séparer.

Le rattachement hiérarchique devient complexe

Les structures matricielles posent, elles, le problème du partage des ressources et de l'unicité du rattachement hiérarchique. « Au sein d'une entreprise, chaque personne ne doit dépendre que d'un chef et d'un seul » : voilà un bon vieux principe de management qui a perduré presque un siècle durant. Dans les organisations « millefeuilles » d'aujourd'hui, vos collaborateurs ne dépendent pas forcément uniquement de vous. Certains dépendent de tellement de personnes qu'ils ne savent plus dire combien ils ont de chefs. En effet, les structures sont par produit, et en même temps par clients, par pays, par régions, par processus, … Parfois plus personne ne s'y retrouve. Et des questions idiotes recommencent à se poser : « Cette année, qui va faire mon entretien annuel ? »

Une personne qui dépend de plusieurs managers, ce sont plusieurs managers qui partagent la même ressource. Votre N + 1 vous fixe des objectifs et vous alloue des ressources, en particulier des ressources humaines, pour les atteindre. Jusque-là, les ressources allouées étaient exclusives. Aujourd'hui, elles sont fréquemment partagées. Si vous ne les utilisez pas au même moment que celui (ou ceux) avec le(s)quel(s) vous les partagez, il n'y a pas de problème. Pourtant, dans la « vraie vie », cela pose fréquemment des problèmes. Pourquoi ? Justement parce qu'il n'est pas rare que les deux (ou les trois) managers entre lesquels les ressources sont partagées en aient besoin au même moment. L'élaboration du budget n'est plus le seul moment de l'année où les ressources se négocient. La négociation est une compétence que vous mobilisez de plus en plus, et pas seulement pour obtenir une ristourne auprès de vos fournisseurs.

Une autre évolution organisationnelle de taille est liée à la recherche de flexibilité de la part des entreprises. On distingue aujourd'hui couramment la flexibilité qualitative de la flexibilité quantitative. La première passe par le développement de la polyvalence, des compétences et des marges d'autonomie. Plus vos collaborateurs sont polyvalents, plus votre unité pourra s'adapter aux variations, notamment de charge, aux changements de gammes, à l'évolution des spécifications des produits. Bref, plus elle sera flexible. Nous avons déjà largement explicité l'influence de la flexibilité qualitative sur les conditions dans lesquelles vous managez au moment d'évoquer le développement de l'autonomie. La flexibilité quantitative, elle, vise à recourir à une force de travail faite non plus seulement de salariés à contrat à durée indéterminée, mais aussi à contrat à durée déterminée, du personnel intérimaire, du personnel rattaché non plus directement à votre entreprise, mais à ses clients, fournisseurs ou partenaires. De plus en plus fréquemment, au sein d'une même équipe, les statuts sont multiples. Des salariés « protégés » cohabitent avec des salariés « précaires ». Tout le monde n'est pas logé à la même enseigne. Les réponses aux problèmes de gestion des ressources humaines sont forcément moins uniformes et donc les risques d'iniquité bien plus importants. Vous ne pouvez plus traiter tout le monde de la même manière. Votre management est nécessairement davantage individualisé.

Les évolutions sociologiques

Au sein de l'entreprise aussi, l'autorité est en crise. Curieusement, on parle toujours de la crise de l'autorité et jamais de la crise de l'obéissance. Pourtant, l'un est bien le symétrique de l'autre. Obéir, c'est se soumettre aux ordres d'une autorité. Il n'y a pas d'autorité sans obéissance, et inversement. Quelques manifestations de cette crise :

- vous n'êtes plus un chef, ni même un responsable hiérarchique, mais un manager, voire un animateur ;
- les membres de votre équipe ne sont plus vos subordonnés, mais vos collaborateurs ;
- etc..

Ces évolutions ne sont pas que sémantiques. Elles illustrent une évolution profonde du rapport à l'autorité et à l'obéissance. La nature des relations parents-enfants, maître-élèves ont évolué. L'entreprise ne fait pas exception. Vos collaborateurs ne tremblent plus devant vous. Ils ne rougissent plus quand vous leur adressez la parole. Ils vous demandent des explications et n'appliquent plus mécaniquement vos ordres. Ils osent vous dire « non » et parfois vous contredire. Le chef est désacralisé. Fut une époque pourtant où le chef était respecté, écouté et obéi. Ses ordres ne souffraient pas la moindre interrogation et leur exécution le moindre délai. Le chef était une autorité devant laquelle on s'inclinait. Par sa seule présence, il en imposait à ses subordonnés, jusqu'à les intimider. Hier, le chef pouvait utiliser le bâton sans trop d'états d'âme. Ce n'est plus le cas aujourd'hui. Au moment où les ordres qu'il donne, quand il en donne, sont au mieux considérés comme « une bonne base de discussion », les comportements directifs peuvent se retourner contre lui. Cela s'appelle « un retour de bâton » ou « donner des bâtons pour se faire battre ». Les conséquences de cette évolution ne sont pas minces.

La relation managériale est à la fois plus complexe et plus simple

Aujourd'hui, votre légitimité ne tient pas plus à votre statut qu'elle ne tient à votre technicité. Mais alors, cette légitimité, d'où pouvez-vous bien la tirer ? L'autonomie et l'individualisme croissants des individus rendent la relation managériale à la fois plus complexe et plus simple. Plus complexe parce que le recours à des arguments d'autorité sort de plus en plus du champ des possibles. Plus simple parce que l'ensemble de ces évolutions (et pas seulement les évolutions sociologiques) concourent à rendre la relation managériale plus contractuelle. Qu'est-ce que concrètement cela veut dire ? On recourt généralement à la notion de contrat pour encadrer, structurer, organiser, une relation entre deux parties. Le contrat traduit un engagement réciproque. Passer un contrat, c'est négocier puis formaliser une partie au moins des résultats de cette négociation afin d'engager mutuellement les deux parties.

En France, contrairement aux États-Unis, la relation hiérarchique repose culturellement moins sur la logique contractuelle que sur celle de l'honneur. L'honneur est un préjugé, prescrivant des devoirs et permettant de défendre des privilèges, lié au rang que l'on tient en société ou dans l'entreprise. On comprend aisément l'incompatibilité de la notion de contrat avec ce trait culturel. Cependant, une culture est dynamique, elle évolue au fil du temps. Aujourd'hui, la notion de contrat est dans l'air du temps. Depuis quelques années, elle se développe à la fois dans les pratiques, les théories et les comportements.

Depuis longtemps déjà, les contrats de mariage, de travail, d'assurance, d'entretien, de sous-traitance, ou autre, font largement partie de notre vie quotidienne. En revanche, les contrats d'insertion, de plan, d'objectifs et de moyens, d'intérim, local, de sécurité, …, se développent aujourd'hui comme de nouvelles formes contractuelles. Les pratiques qui se réclament du contrat se multiplient dans différents secteurs de la société, y compris dans l'entreprise (par exemple, la contractualisation interne).

Parallèlement, la notion de contrat pénètre d'autres disciplines que le droit, sa discipline d'origine : économie, sociologie, psychologie, … La notion de contrat est par exemple utilisée par les économistes pour analyser les coordinations entre individus comme des problèmes d'organisation de l'échange. Coordonner consiste à permettre la réalisation de transactions pour transformer une allocation de ressources non désirée en une allocation de ressources désirée. Les contrats évoqués par les économistes ne sont pas forcément des contrats « écrits », des documents juridiques. La notion désigne des accords interindividuels, qu'ils soient écrits ou non, explicites ou implicites.

Les jeunes sont-ils des mercenaires ?

Les comportements aussi évoluent. « Les jeunes ont un rapport plus contractuel à l'entreprise », entend-on souvent dans la bouche des directeurs des ressources humaines. Le contrat de travail classique, où l'entreprise achète une force de travail qu'elle utilise comme elle l'entend dans le cadre d'une relation de subordination, devient une forme de contrat parmi d'autres. Votre entreprise achète aussi de plus en plus couramment des compétences (contrats d'intérim) ou des résultats exprimés sous la forme de missions : c'était l'esprit du projet de contrat d'activité et aujourd'hui du projet de contrat de mission. Ce faisant, elle inscrit la relation avec vos collaborateurs dans un cadre plus contractuel. Rien d'étonnant à ce que le comportement des jeunes évolue. D'une certaine manière, c'est ce qu'on attend d'eux. Ils s'adaptent aux situations dans lesquelles ils se trouvent, dans lesquelles leurs parents se sont trouvés. S'ils ont des relations plus contractuelles avec l'entreprise, pourquoi en irait-il autrement avec vous, leur manager ?

En effet, pourquoi ces évolutions ne concerneraient-elles pas non plus la relation de management ? Vous pouvez de moins en moins actionner seulement le levier « autorité » pour transformer le travail de vos collaborateurs en performances. Le style directif reste pertinent, mais dans certaines situations seulement, notamment celles où le manager doit sortir un « carton rouge » quand l'un de ses collaborateurs franchit la « ligne jaune ». La relation managériale comporte nécessairement une dimension affective. En abuser est risqué. Les comportements conviviaux sont les plus adaptés, voire les seuls possible, dans certaines situations. Cependant, il convient de ne pas en abuser, de « consommer avec modération ». Mais la relation managériale est aussi une relation d'échange : des contributions contre des rétributions. Alors, pourquoi ne pas chercher à aller vers un management plus contractuel ? D'ailleurs, la notion de contrat n'apparaît-elle pas dans les pratiques de management depuis quelques années déjà pour vous inciter à faire évoluer votre style de management ? Pour faire évoluer la culture managériale de votre entreprise ? Au-delà de la contractualisation interne, on parle de contrat d'objectifs, de contrat de compétences, de contrat de progrès, de développement, …

Dans le contexte actuel, cette notion est intéressante, notamment par rapport à l'idée de réciprocité. Un contrat formalise un engagement réciproque : le vôtre et celui de vos collaborateurs ! Les évolutions économiques, techniques, organisationnelles et sociologiques se traduisent par une double redistribution des ressources de pouvoir : une diminution des ressources légitimes que vous contrôlez (délégation d'une autorité hiérarchique à faire appliquer les règles et à contrôler les moyens) et, conjointement, une augmentation des ressources non légitimes contrôlées par vos collaborateurs liées notamment à l'information non officielle et à la compétence implicite, celle qui ne figure pas dans les référentiels. Ce double mouvement produit des effets sur la relation managériale d'une autre ampleur que ce que prête à penser la crise de l'autorité. Entre vos collaborateurs et vous, la relation de pouvoir est moins univoque, plus réciproque. Dans ce cas, l'engagement des deux parties devient nécessairement réciproque. Votre collaborateur s'engage auprès de vous à fournir telle ou telle contribution. En échange, vous vous engagez auprès de lui sur telle ou telle rétribution. Contribution et rétribution constituent les deux volets de l'échange de la relation de management. On retrouve là l'une des caractéristiques essentielles du « paradigme » contractuel, « paire de lunettes » de plus en plus pertinente pour comprendre les entreprises d'aujourd'hui.

De nouvelles exigences en partie inconnues

Le style de management contractuel est promis à un bel avenir. Nombre d'évolutions convergent dans cette direction. À condition cependant que les termes de l'échange, en particulier les contributions, continuent à être suffisamment formalisables pour pouvoir être contractualisées. La contractualisation a des exigences. L'incertitude des environnements et la dématérialisation de la production permettront-elles de continuer à les satisfaire ? Ce n'est pas certain. Il y a aujourd'hui déjà des populations pour lesquelles ce n'est pas le cas ; celle des chercheurs par exemple. Comment formaliser la contribution d'un chercheur ? Peut-on lui fixer des objectifs ? Est-ce même souhaitable ? Compte tenu de la nature de son travail, de l'incertitude sur ce qu'il va potentiellement trouver, cela a-t-il un sens ? Un quelconque objectif ne risque-t-il pas de brider sa créativité ?

On commence à parler de management par les objectifs dans les années 1960, quand on rencontre des difficultés à prescrire l'exécution du travail. Avant, on manageait par les règles. On transformait le travail en performances en contraignant les comportements par des consignes, modes opératoires, … Bref, par des règles en tout genre. C'était l'organisation qui faisait la performance. Le but du jeu consistait à trouver la « bonne » organisation. C'était l'objectif du bureau des méthodes. Le manager n'était là que pour contrôler l'application des règles. Puis, faute de pouvoir prescrire les comportements, on a prescrit les résultats en fixant des objectifs. On passe alors du management par les règles au management par les objectifs. Si demain les résultats ne sont plus prescriptibles, comment fera-t-on ? À défaut de pouvoir manager par les objectifs, managera-t-on par les valeurs ? Par les compétences ? Ou encore par quelque chose d'autre ? Le management de demain sera encore un management par … Au-delà, il reste largement à inventer. Quelles sont les alternatives au management par les objectifs ?

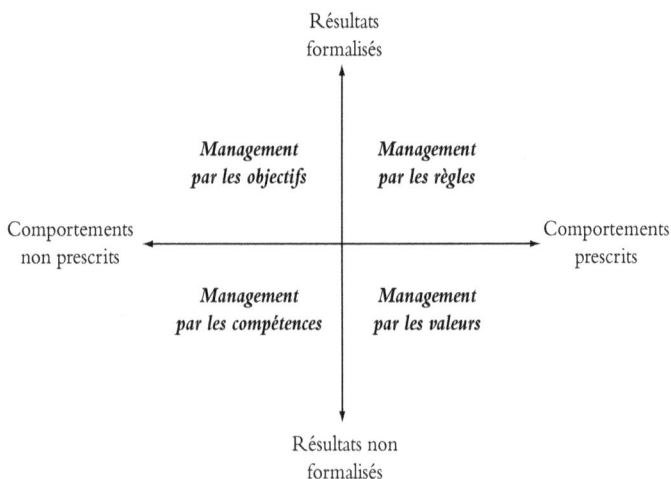

Résultats
formalisés

Management
par les objectifs

Management
par les règles

Comportements
non prescrits

Comportements
prescrits

Management
par les compétences

Management
par les valeurs

Résultats non
formalisés

Manager par les compétences

Le management par les compétences est l'une d'entre elles. Option relativement confidentielle, amenée à s'étendre dans le futur, mais pas forcément à se généraliser. En effet, le management par les compétences se pratique dans des situations de très forte incertitude. Il ne doit pas être confondu avec la gestion des compétences, en vogue depuis une vingtaine d'années déjà. La gestion des compétences, qu'elle soit prévisionnelle ou pas, vise à réduire l'écart entre les compétences requises par les postes de travail et les compétences possédées par leurs titulaires. Dans cette perspective, la gestion des compétences est une déclinaison du management par les règles. On formalise les résultats à atteindre, on prescrit les comportements à adopter dans des définitions de poste, puis on en déduit les compétences requises pour atteindre les résultats souhaités et adopter les comportements attendus pour y parvenir.

Le management par les compétences, en fait, n'est pas centré sur les compétences requises par les postes de travail, mais sur les compétences possédées par les individus. La gestion des compétences part des postes de travail, alors que le management par les compétences part de leurs titulaires. Les deux logiques sont diamétralement opposées. Dans un univers incertain, les résultats et les comportements n'étant pas formalisables, il devient difficile de connaître les compétences requises. Le management par les compétences cherche à valoriser les compétences possédées par les individus. Si vous managez par les compétences, vous vous posez les questions suivantes : quelles sont les compétences possédées par mes collaborateurs ? à partir de ces compétences, quelles performances peuvent-ils obtenir ? comment combiner leurs compétences pour produire une performance collective qu'aucun d'eux ne pourrait obtenir tout seul ? Valoriser des compétences, c'est les identifier, les développer et les combiner entre elles.

Dans le management par les compétences, le manager est avant tout un « coach », pour reprendre une terminologie en vogue : le « coach » de ses collaborateurs, mais aussi d'une équipe. En effet, manager par les compétences, c'est aussi, et peut-être surtout, animer une équipe. L'animation a pour fonction de transformer des compétences individuelles en performance collective. Les compétences individuelles sont des unités de base entre lesquelles existent de multiples combinaisons pour produire des performances collectives. Manager par les compétences, c'est constituer des équipes permettant de maximiser le potentiel de combinatoire des compétences individuelles. On ne compose pas une équipe en recherchant la combinaison optimale de compétences permettant d'atteindre un objectif prédéterminé comme dans le management par les objectifs. On se met en quête de combinaisons inédites en se focalisant plus sur le potentiel d'utilisation future de chaque compétence individuelle que sur l'ampleur de leur utilisation actuelle.

On trouve cette forme de management dans les centres de recherche, par exemple. La recherche est un domaine qui souffre souvent d'un manque de management. Les managers sont fréquemment adeptes du laisser-faire. Ils sont en position de management, de responsabilité hiérarchique, mais ne managent pas vraiment. Leur comportement s'explique moins par leurs dispositions personnelles que par la situation dans laquelle ils se trouvent. Ils n'ont pas suffisamment de leviers pour manager et, quand ils en ont, ces derniers ne sont pas adaptés au contexte. Quand on cherche, il est difficile de savoir a priori ce qu'on va mettre en lumière, en particulier quand il s'agit de recherche fondamentale. Les résultats à atteindre sont difficilement formalisables au-delà de quelques grandes lignes directrices. Les comportements sont peu prescriptibles en dehors des quelques protocoles de recherche. En conséquence, si vous managez des chercheurs, vous pouvez difficilement manager autrement que par les compétences. Vous cherchez à créer des collectifs de travail en combinant des compétences qui ne l'avaient pas été jusque-là. Il est maintenant bien connu que c'est au carrefour des « sentiers battus » que se nichent la nouveauté et l'innovation.

La compétence permet à celui qui la possède de contrôler une zone d'incertitude, synonyme de pouvoir. Tel Janus, le visage de la compétence a deux faces : adaptation, initiative et inventivité d'un côté, pouvoir de l'autre. Manager par les compétences exige de vous une attitude différente face à la question du pouvoir. Vous ne pouvez plus nier le pouvoir de vos collaborateurs, ni chercher à les en déposséder par tous les moyens à votre disposition. Votre style de management passe moins par la limitation de leur degré de liberté que par l'exploitation de la dynamique qui en résulte. En donnant la possibilité à vos collaborateurs d'accroître leur pouvoir à travers le développement et l'utilisation de leurs compétences, vous valoriserez leur pouvoir et, par conséquent, vous inscrirez la relation de pouvoir non pas dans un jeu à somme nulle (ce que l'un gagne, l'autre le perd), mais dans un jeu à somme non nulle (*in fine*, les deux parties sont gagnantes). Sans quoi vous résisterez, voire vous vous opposerez, au management par les compétences, estimant que le développement des compétences de vos collaborateurs se traduit par une perte de pouvoir personnel. La mobilisation des compétences de vos collaborateurs doit vous permettre de produire des performances que vous n'obtiendriez pas autrement, performances de surcroît valorisées par votre propre hiérarchie.

Manager par les valeurs

Le management par les valeurs est un autre choix alternatif au management par les objectifs. On confond souvent valeurs et croyances qui ne sont pourtant pas de même nature. Les premières concernent le bien et le mal, les secondes le vrai et le faux. Déterminer les valeurs d'une entreprise, c'est donc définir ce qui, de son point de vue, est bien ou mal, ce qu'on est autorisé à faire ou ne pas faire. Mais une valeur est générale, elle ne dit rien de très opérationnel. C'est pourquoi les valeurs sont souvent déclinées en normes de comportement qui indiquent comment se comporter dans telle ou telle situation. Les normes de comportement précisent les valeurs, les rendent opérationnelles. Par exemple, « l'équité » est une valeur qui, dans le domaine de la rémunération, peut se décliner en « rémunérer ses collaborateurs en fonction de leur contribution ». Cette norme de comportement vous guide au moment de l'attribution des augmentations individuelles ou des bonus. A priori, on ne vous oriente pas vers le « saupoudrage » qui consiste à attribuer le même bonus à tous vos collaborateurs, quelle que soit leur contribution. Une telle pratique est plus égalitaire qu'équitable. On vous recommande au contraire de différencier les montants d'augmentation en fonction du niveau de contribution de vos collaborateurs.

À travers les normes, les valeurs prescrivent les comportements. Mais cette prescription est informelle. C'est ce qui différencie les valeurs des règles dont la prescription est formelle. Manager par les valeurs, c'est donc utiliser les valeurs pour transformer du travail en performances. On ne formalise pas les résultats à atteindre, comme dans le management par les objectifs, mais on prescrit les comportements. Est performant, non pas celui qui produit des résultats à la hauteur des objectifs fixés, mais celui dont les comportements sont cohérents avec les valeurs retenues. Le management par les valeurs est particulièrement adapté aux univers où les cultures de métier sont fortes. C'est le cas des journalistes par exemple. Dans une rédaction, on trouve fréquemment une charte éditoriale. Ce n'est pas un hasard. On fixe des objectifs aux journalistes, mais de manière informelle, au cas par cas. Pour chaque article à écrire, le journaliste connaît le thème à traiter, l'angle d'approche, le nombre de signes à produire et les moyens dont il dispose, notamment le temps. Mais le rédacteur en chef n'utilisera pas ou peu les objectifs pour évaluer sa performance. Pour cela, il aura plutôt recours à la charte,

même de manière implicite, en utilisant les comportements, les manières de faire. La norme utilisée pour évaluer la performance sera d'abord comportementale.

Certaines entreprises élaborent une charte de valeurs puis
déclinent chacune d'elles en normes de comportement (ou
vous laissent le soin d'identifier les normes de comportement pertinentes au niveau de votre service, voire chacun
de vos collaborateurs). Les normes de comportement sont
alors utilisées comme critères d'évaluation et d'appréciation de la performance. Par exemple, une entreprise de
service a retenu cinq valeurs : l'innovation, le sens du
résultat, l'engagement, le respect des différences et
l'équité. Au moment de l'entretien annuel, chaque salarié, en concertation avec son responsable hiérarchique
direct, choisit une valeur sur laquelle il doit progresser,
faire évoluer ses comportements. Le progrès à réaliser est
ensuite traduit en actions assorties d'indicateurs permettant une évaluation en fin d'année.

Le management par les valeurs présente cependant un
défaut patent : les chartes sont souvent perçues comme
des gadgets. Personne ne se retrouve dans la poignée de
valeurs, étrangement semblables d'une entreprise à
l'autre, définies trop rapidement par le comité de direction lors de son dernier séminaire « au vert ». En fait, toutes les valeurs ne se valent pas. On distingue couramment
deux catégories de valeur. D'une part, on a les valeurs pratiquées, issues de la culture, partagées au sein de l'entreprise, résultant d'une histoire et transmises dans le temps.
Ces valeurs sont implicites et structurent en conséquence
le comportement des salariés, sans qu'ils s'en rendent

© Éditions d'Organisation

compte le plus souvent. D'autre part, on trouve les valeurs qui sont issues d'un discours indiquant la direction d'évolution de la culture à suivre. Les premières sont pratiquées par le corps social, les secondes sont déclarées par la direction générale. Pour qu'une charte ne soit pas perçue comme un gadget, elle doit contenir un mélange de ces deux types de valeur, c'est-à-dire quelques valeurs pratiquées positives (qui constituent la base de la charte, son socle, ce sur quoi l'entreprise s'appuie et se repose) et des valeurs déclarées, sélectionnées au regard de la stratégie de l'entreprise, qui ouvrent des perspectives, qui éclairent un nouveau chemin. Enfin, le management par les valeurs ne peut pas se réduire à l'élaboration d'une charte. Celle-ci doit nécessairement être relayée par des pratiques managériales et organisationnelles pour permettre une évolution des comportements et transformer du travail en performances.

Vers un management contingent ?

Le management par les valeurs et le management par les compétences sont des formes de management en émergence, en construction, donc beaucoup moins stabilisées que le management par les règles ou le management par les objectifs. Les pratiques, qui sont encore souvent au stade expérimental, varient d'une entreprise à l'autre. À l'état pur, ces deux formes de management sont relativement rares. Il est d'ailleurs vraisemblable qu'elles resteront assez confidentielles. On trouve, et on trouvera, le management par les compétences dans des univers très complexes (recherche, haute technologie, …) et le management par les valeurs dans les bureaucraties professionnelles, c'est-à-dire les universités, les hôpitaux, les organismes à but non lucratif, les entreprises artisanales, … En dehors de ces contextes particuliers, ni le management par les valeurs, ni le management par les compétences, ne remplace, à lui seul, le management par les objectifs. Il semble que la plupart des entreprises en quête d'alternative au management par les objectifs cherchent plutôt à empiler différentes formes de management. Les unes sur les autres, elles forment des systèmes hybrides, issus de couches de sédimentation successives, ayant l'apparence de véritables « mille-feuilles ». Ces entreprises ont d'ailleurs, pour le moment, du mal à nommer ces systèmes de management autrement qu'en accolant les sigles les uns aux autres : Management Par les Objectifs et les Valeurs (MPOV) ou encore Management Par les Objectifs et les Compétences (MPOC). Ici, la logique n'est plus substitutive, mais additive : on ne remplace pas, on ajoute. Au regard du nombre d'entreprises tentées par l'aventure, ce troisième choix alternatif au management par les objectifs semble adapté à un bien plus grand nombre de contextes que les deux premiers.

Et cela n'est pas étonnant ! Dans la « vraie vie », de tout temps, chaque manager gère en fait tout à la fois par les règles, par les objectifs, par les compétences et par les valeurs. Les différences entre managers ne sont pas des différences de nature, mais de degré. En fonction de la situation managériale dans laquelle vous vous trouvez, vous n'utilisez pas le même « cocktail » de formes de management. En production, dans les ateliers, vous managez beaucoup par les règles, un peu moins par les objectifs et les compétences, pas du tout par les valeurs. Avec les vendeurs, les objectifs priment sur tout le reste. Dans les laboratoires de R&D, vous utilisez d'abord les compétences, éventuellement les valeurs.

Aujourd'hui, à travers ces systèmes « mille-feuilles », vos entreprises mettent à votre disposition différentes possibilités. À vous de choisir le poids à accorder à chacun des leviers en fonction des caractéristiques de la situation dans laquelle vous vous trouvez. Cela vous permet d'être plus en phase avec la « vraie vie », à condition bien sûr que votre entreprise vous laisse le choix. En effet, la sédimentation comporte en elle-même le risque d'une régression bureaucratique, liée à la volonté d'appliquer un modèle de management uniforme à tous les managers. Les systèmes de management « mille-feuilles » sont riches. Parfois trop ! Vous « croulez » sous le poids d'une instrumentalisation excessive qui peut conduire à une bureaucratisation de la relation managériale, c'est-à-dire à l'opposé de l'effet recherché. Remplir les différents formulaires prend du temps et finit parfois par avoir plus d'importance que la relation managériale elle-même. Le mieux est l'ennemi du bien. On connaît les inconvénients des systèmes « couteau suisse » qui poursuivent simultanément plusieurs objectifs, parfois contradictoires entre eux. C'est le cas des différentes formes de management ; elles sont à la fois complémentaires et antagonistes, notamment parce qu'elles ne s'inscrivent pas dans le même référent temporel. Par exemple, compte tenu de l'accélération du temps, le management par les objectifs tire la relation managériale

191

vers le court terme, voire très court terme. Au contraire, la sophistication des technologies, la complexification des situations de travail, …, inscrivent le management par les compétences dans un horizon de temps beaucoup plus long.

Le management de demain sera contingent ou ne sera pas. Il ne s'agit pas (ou plus) de faire entrer tous les managers dans un même moule managérial, mais de leur donner la possibilité de construire leur propre système de management en fonction des caractéristiques de leur situation. Pour cela, il faut arrêter de chercher le système « idéal » et de vouloir l'appliquer uniformément à tout le monde. Il faut au contraire reconnaître la diversité de la « vraie vie » et donner la possibilité aux managers de choisir leur propre instrumentation parmi un ensemble de possibilités à leur disposition.

Le manager devient multicartes

Sous la conjonction des évolutions économiques, technologiques, organisationnelles et sociologiques, l'entreprise s'est considérablement ouverte sur son environnement. Elle crée de la valeur pour l'actionnaire, le client est au cœur de son organisation. Le travail, celui que le management transforme en performances, est fourni par des salariés, mais aussi par des intérimaires, des sous-traitants, externes à l'entreprise. La frontière entre le dedans et le dehors a largement disparu. Avec cette disparition, c'est l'unité de l'entreprise qui a volé en éclats. L'entreprise communautaire, celle qui offre à ses salariés un projet collectif et une identité professionnelle, n'est plus. Ce projet, celui auquel vous participiez, celui pour lequel vous vous leviez le matin pour aller travailler, était défini puis porté par la direction générale. Ce projet résultait de la fonction de direction. La direction était doublée d'une signification. Au « où ? » était associé un « pourquoi ? ». Dans l'entreprise communautaire, celle où l'on est « entre nous », la fonction de direction est l'apanage des dirigeants. Tous les dirigeants ne dirigent pas, mais seuls les dirigeants dirigent. La fonction de direction n'est donc pas toujours correctement remplie. Mais quand elle l'est, elle l'est par des dirigeants.

Avec le morcellement de l'entreprise, on assiste conjointement à un éclatement de la fonction de direction. Quand les dirigeants ne peuvent plus donner le sens, la direction et la signification, c'est vers les managers que les salariés se tournent. À défaut de travailler pour son entreprise, on travaille pour son chef. Dans les enquêtes de climat social par exemple, les salariés expriment de plus en plus qu'il vaut mieux un bon manager qu'une bonne entreprise. La fonction de direction est aujourd'hui de plus en plus partagée entre les dirigeants et les managers. On attend que vous deveniez aussi des leaders, d'où d'ailleurs la profusion actuelle de séminaires sur le leadership pour les managers et plus seulement pour les dirigeants. Le leadership se démocratise. Hier, les managers manageaient. Ils produisaient aussi. Dans certains cas, cela nuisait à l'exercice de leur fonction managériale. Demain, en plus, ils dirigeront, tout en continuant à manager et à produire. Si on ne sait pas très bien de quoi le management sera fait, on sait que le manager sera multicartes.

Depuis Taylor, la division du travail de production est connue de tous. Même si les manuels nous martèlent le contraire, il y a aussi une division du travail de management. Tous les managers ne font pas la même chose. Par ailleurs, les managers ne sont pas les seuls à remplir la fonction de management. Les directions fonctionnelles sont aussi des acteurs du dispositif de management. Mais l'histoire de la division du travail ne s'arrête pas là. Il y a, et il y aura encore davantage demain, une division du travail de direction. Le temps où seuls les dirigeants dirigeaient est terminé. Ils partagent la fonction de direction avec les managers, avec un nombre croissant d'entre eux. Il faudrait un ouvrage entier pour caractériser les conditions de réussite d'un tel partage. Mais il y a un préalable à cette aventure : ne pas nier, prendre conscience, accepter, reconnaître, …, que les dirigeants n'ont pas (plus) le monopole de la direction.

Les points clés

Le problème du management, transformer du travail en performances, est lié à celui de l'action collective finalisée. Il s'est toujours posé. En revanche, les solutions pour le résoudre sont contingentes à une époque, à une culture, à un type d'entreprise, ... Les tendances d'évolution du management concernent donc davantage les solutions que le problème qui, lui, reste le même.

Les conditions d'exercice du management, c'est-à-dire les conditions dans lesquelles les managers exercent leur fonction, se modifient sous l'influence des évolutions économiques, techniques, organisationnelles et sociologiques. Ces multiples évolutions convergent vers deux tendances de fond. La première concerne le management proprement dit, la seconde le rôle des managers.

Le style de management contractuel est promis à un bel avenir. Mais il n'y a pas de contrat possible sans fixation d'objectifs et évaluation de résultats. Or, l'incertitude des environnements et la dématérialisation du travail ne permettront peut-être pas de continuer à satisfaire les exigences contractuelles. Il faudra alors manager par autre chose que par les objectifs. Mais par quoi ? Par les compétences ? Par les valeurs ? Plus fréquemment, dans le cadre d'un système de management « mille-feuille », à condition cependant que l'entreprise laisse à ses managers la possibilité de choisir le poids à accorder à chacun des leviers en fonction des caractéristiques de leur situation managériale. Le management de demain sera contingent ou ne sera pas.

De communautaire, l'entreprise est devenue ouverte. Hier, dans l'entreprise communautaire, la fonction de direction était l'apanage des dirigeants. Dans l'entreprise ouverte, elle est (sera) partagée entre les dirigeants et les managers. En plus de manager (et de produire), le manager doit (devra) aussi diriger.

Pour aller plus loin

Dans cette partie, nous aurions pu sélectionner une multitude d'ouvrages tant les thèmes abordés sont variés. Par souci de concision cependant, nous n'avons retenu que deux ouvrages de synthèse du même auteur.

Pierre Morin

La grande mutation du travail et de l'emploi, Éditions d'Organisation, 1994.

L'Art du manager – De Babylone à l'Internet, Éditions d'Organisation, 1998.

Pierre Morin est président d'honneur et directeur scientifique de IDRH Consultants. Il a été professeur de management à l'IAE de Paris et maître de conférences à l'IEP de Paris.

C'est à lui que nous avons emprunté la structure de cette troisième partie. Dans *La grande mutation du travail et de l'emploi,* Pierre Morin analyse les influences des évolutions économiques, techniques, sociologiques et culturelles sur la nature du travail et sur le management. Il annonce la fin du management romantique.

Dans *L'Art du manager,* il montre que le management n'est pas une invention du XXe siècle. Il va en chercher les traces dans des textes anciens, puis dresse un bilan des pratiques du management moderne pour nous aider à prendre de la distance par rapport aux effets de mode.

Les idées de Pierre Morin nous ont beaucoup influencé. Au-delà de cette troisième partie, on en trouve des traces à différents endroits dans cet ouvrage.

De nouvelles représentations après prolongation

La qualité de votre management a des répercussions directes sur les performances de votre service. On s'en aperçoit souvent au moment des passages de témoins : « Depuis son arrivée, il y a une petite année, la rentabilité a été multipliée par deux. » Des répercutions concrètes sur les performances, mais aussi sur l'ambiance de travail : « Avec l'ancien responsable, le service, c'était l'Eldorado ; avec le nouveau, c'est devenu une véritable mine de sel. » Il n'y a pas besoin d'être grand clerc pour percevoir des différences entre les managers d'une même entreprise, voire un même département, souvent, elles sautent aux yeux. Jusqu'à présent, les différences en termes de management étaient internes aux entreprises. Aujourd'hui, elles sont aussi externes. La fonction de management devient une source d'avantage concurrentiel entre les entreprises.

Le management est une source d'avantage concurrentiel

Direction, production et management sont trois fonctions qui ont toutes une utilité. Dans la quête de performances des entreprises, l'importance de chacune d'elles varie en fonction de l'évolution des règles du jeu concurrentiel. Pendant longtemps, les entreprises ont obtenu un avantage concurrentiel, principalement à travers leur fonction de production. Il fallait organiser le travail pour produire plus, puis plus vite que ses concurrents : c'était l'heure de gloire de l'Organisation Scientifique du Travail, l'heure de gloire du Taylorisme. À ce moment-là, performance était synonyme de productivité. Le rôle des managers se réduisait au contrôle du travail de leurs collaborateurs. Après quoi, c'est le positionnement sur le marché qui est devenu déterminant. Les coûts n'ont plus été le seul facteur de succès. D'autres stratégies que celle de volume furent envisageables : la différenciation, la stratégie de niche, … Les spécialistes de marketing et de stratégie aidèrent les directions générales à trouver le « bon » créneau, c'est-à-dire le « bon » chemin et la « bonne » allocation des ressources. On obtenait un avantage concurrentiel moins par l'intermédiaire de sa fonction de production que de direction. « Quel positionnement choisir ? », telle était la pierre philosophale de la quête des performances. Aujourd'hui, la fonction de management devient aussi un facteur de succès pertinent, c'est-à-dire une source d'avantage concurrentiel. Pourquoi ? Il y a deux raisons liées l'une l'autre.

D'abord, l'organisation des entreprises a profondément évolué ces dernières années. Structure plate, organisation par processus, en réseau, par projet, … Nous l'avons vu, ces évolutions organisationnelles trouvent deux traductions concrètes au niveau des situations de travail : autonomie et coopération. Les comportements de vos collaborateurs sont moins contraints par des organisations moins prescrites. Du coup, la transformation de leur travail en performances se fait moins mécaniquement.

Ensuite, dans un univers stable et bien défini, la concurrence pouvait s'assimiler à une guerre de position. Il s'agissait de choisir un positionnement « gagnant », générateur d'un avantage concurrentiel. Aujourd'hui, dans un contexte de concurrence dynamique et globale, l'enjeu stratégique de votre entreprise consiste moins à positionner des produits durables, vis-à-vis de concurrents clairement identifiés, sur des marchés bien définis, qu'à développer une capacité d'adaptation rapide aux changements de l'environnement. C'est ce que votre directeur général vous rappelle à chaque fois qu'il le peut. Mais alors comment caractériser les performances recherchées par votre entreprise ? Comment les mesurer ? Voilà deux questions dont les réponses ne sont plus si évidentes. Les conditions de la performance sont plus floues, plus complexes et ambiguës. Ce faisant, leur déclinaison en objectifs concrets, tangibles et mesurables prend encore plus d'importance. Dès lors, on comprend mieux l'engouement actuel autour de la dernière mode managériale, le *Balanced Scorecard* (tableau de bord prospectif en français), qui consiste à décliner la stratégie en actions. Dorénavant, la mise en œuvre de la stratégie compte au moins autant que sa formulation. Il ne s'agit pas seulement de choisir la bonne direction, d'opter pour le bon positionnement. Il faut exécuter mieux et plus vite que ses concurrents. Le management est aussi important que la direction.

Le management ne remplace pas la direction, il s'y ajoute

Au total, la fonction de management se complexifie avec le modèle organisationnel dans lequel elle s'inscrit. Les différences entre l'entreprise à laquelle vous appartenez et ses principaux concurrents peuvent alors y être plus marquées. En effet, plus une fonction est complexe, plus les différences sur la manière de la remplir peuvent être grandes. Cela n'est pas spécifique à la fonction de management. D'une manière générale, plus les problèmes sont simples, moins les solutions pour les résoudre sont nombreuses. Le fantasme taylorien de faire du management une science trouve son origine dans l'idée de découper le travail en unités simples et élémentaires pour définir un *one best way* sur la manière de l'organiser et de le réaliser.

Parce que la fonction de management est dorénavant plus complexe à remplir, à ce niveau-là aussi, votre entreprise trouve du « grain à moudre » pour se différencier des autres, celles qui la menacent sur ses marchés. Cependant, si la fonction de management est plus complexe, les fonctions de direction et de production ne se sont pas simplifiées pour autant. L'agencement des trois fonctions entre elles encore moins ! La production de performances résulte plus que jamais d'une subtile alchimie, d'un art de la combinatoire. La direction comme élément déterminant de la performance n'a pas remplacé la production, le management ne remplace pas la direction. Ces évolutions se font par addition. C'est d'ailleurs en partie ce qui rend les choses plus complexes. L'exigence de management ne remplace pas l'exigence de direction, elle s'y ajoute. On a commencé par se préoccuper de produire. À ce moment-là, la direction et le management n'étaient pas les fonctions les plus pertinentes pour obtenir un avantage concurrentiel. On pouvait faire sans, simplement par la fonction de production. Puis, produire, même vite et bien, n'a plus suffi. Il a fallu en plus diriger, trouver la bonne direction, le bon positionnement sur le marché. Mais on pouvait encore se passer de management, on pouvait encore faire l'économie du management pour devancer ses concurrents. Ce n'est plus le cas aujourd'hui. Pour obtenir un avantage concurrentiel, il faut produire, diriger et manager. Cela fait dire à certains que nous passons du monde du « ou » au monde du « et », un monde évidemment plus complexe, plus paradoxal.

La professionnalisation des managers n'est pas suffisante

« Si le management est source d'avantage concurrentiel alors formons nos managers », propose votre directeur général. La formation au management est un réflexe fréquent, souvent un raccourci trop rapide, une solution partielle, nécessairement incomplète. Elle n'est pas inutile, loin s'en faut, mais c'est une réponse à certains problèmes seulement. La professionnalisation des managers est l'une des facettes du problème, mais pas la seule. Pour obtenir un avantage concurrentiel par sa fonction de management, il faut « remonter d'un cran » et travailler au niveau du dispositif de management, pas seulement au niveau des compétences des managers. Le plus souvent, avoir de bons managers n'est pas suffisant pour obtenir un avantage concurrentiel par sa fonction de management. Tirons profit de la distinction entre managers et management, pour laquelle nous avons milité dans cet ouvrage. Pour obtenir un avantage concurrentiel par sa fonction de management, c'est au dispositif de management qu'il faut donner ou re-donner une cohérence. Les managers, leur rôle, leurs compétences n'en constituent qu'une partie. La cohérence entre les trois composants du dispositif de management (objectifs, leviers et rôles) compte plus que la seule qualité des compétences managériales.

En fonction du ou des buts déterminés à travers la fonction de direction, quels sont les objectifs poursuivis ? Sont-ils économiques, techniques ou sociaux ? S'ils sont tout cela à la fois, l'entreprise ne pouvant pas les atteindre tous simultanément, comment les a-t-elle hiérarchisés ? L'économique passe avant le technique ou bien, au contraire, le social prime sur tout le reste ? Une fois les objectifs déterminés, quels sont les leviers actionnés par l'entreprise pour les atteindre ? Ces leviers sont-ils instrumentaux, structurels, culturels ou humains ? Pour atteindre ses objectifs, l'entreprise met en place des outils, s'adosse à des structures, s'appuie sur sa culture et mobilise des compétences. En général, elle fait tout en même temps, mais pas avec la même intensité. Les leviers qu'elle privilégie doivent être cohérents avec les objectifs poursuivis. Il n'y a pas, dans l'absolu, de bons ou de mauvais leviers. Certains sont seulement plus pertinents que d'autres en fonction de la nature des objectifs poursuivis.

Et puis, enfin, compte tenu des objectifs poursuivis et des leviers actionnés pour les atteindre, comment l'entreprise a-t-elle distribué les rôles de management ? Comment a-t-elle distribué les rôles entre les acteurs qui contribuent à transformer du travail en performances ? La division du travail managérial est à la fois verticale et horizontale. Il y a une division du travail de management entre les managers d'une même ligne hiérarchique, entre les managers d'une même unité. Il y en a une autre entre les opérationnels et les fonctionnels. Les directions fonctionnelles sont-elles là d'abord pour contrôler les managers ou pour les soutenir ? La direction financière et celle des ressources humaines sont-elles des « Nini », « Technostructure », « Support » ou « *Business Partners* » ?

La professionnalisation des managers est liée aux spécificités du management

Si votre entreprise souhaitait obtenir un avantage concurrentiel par sa fonction de management, une fois qu'elle a répondu à toutes ces questions, elle peut aborder celles qui concernent les managers et leurs compétences. Les compétences managériales dépendent du rôle dévolu aux managers, rôle dépendant des autres composants du dispositif de management avec lesquels il interagit. Dire de la formation au management que, seule, elle n'est pas suffisante pour procurer un avantage concurrentiel à l'entreprise, ne veut pas dire qu'elle n'a aucun intérêt. Il ne faut pas « jeter le bébé avec l'eau du bain ». Mais il faut développer des compétences, individuelles et collectives, en fonction d'un contexte particulier et non en fonction de caractéristiques universelles. Des compétences qui doivent permettre au manager de la « vraie vie » de résoudre des problèmes en prenant des décisions pour faire en sorte que « ça fonctionne ». Du coup, les formations au management doivent intégrer les caractéristiques des dispositifs de management et leurs effets. Le contenu de la formation, son organisation, son animation dépendent des spécificités du dispositif de management de l'entreprise, de la manière dont les rôles de management sont distribués entre les acteurs, du véritable travail des managers. C'est à cette condition seulement, qu'on peut abandonner la représentation du manager « idéal » comme référentiel des formations au management. On arrêtera alors de préparer les managers à faire des choses qu'ils ne font pas. On arrêtera aussi de ne pas les préparer suffisamment à ce qu'ils font réellement, à ce qu'ils font dans la « vraie vie ». La formation au management recommencera alors à être utile en étant jamais qu'une partie de la démarche à mettre en place pour obtenir un avantage concurrentiel par la fonction de management.

À ce stade, on se souviendra aussi que, dans la « vraie vie », c'est d'abord en faisant du management qu'on apprend à en faire. La formation au management n'est qu'un mode de professionnalisation des managers parmi d'autres, pas forcément le plus pertinent. En effet, le management s'apprend d'abord par l'expérience. Cet apprentissage nécessite que le manager s'arrête, se questionne sur sa propre pratique. C'est à ce niveau-là qu'on peut le plus judicieusement faciliter son apprentissage. Cela explique tout l'intérêt du coaching qui, espérons-le, résistera à l'effet de mode dont il est l'objet depuis quelques années déjà. Ce faisant, ce n'est pas seulement sa formation au management que l'entreprise doit penser en fonction des spécificités de son dispositif de management, en fonction de la « vraie vie » de ses managers, mais l'ensemble de sa politique de professionnalisation ; la formation au management n'en constitue qu'une partie.

Glossaire

Culture managériale : ensemble de valeurs, croyances et normes de comportement, concernant la relation managériale, évidentes pour et partagées par les managers d'une même entreprise. La culture managériale d'une entreprise est fréquemment marquée par des personnages clés, les managers qui restent dans l'imaginaire collectif, ceux dont on parle encore de longues années après leur départ de l'entreprise.

Dispositif de management : moyen par lequel une entreprise remplit sa fonction de management, c'est-à-dire transforme le travail en performances. Tout dispositif de management comporte trois éléments liés entre eux : les objectifs poursuivis par l'entreprise, les leviers (structurels, culturels, instrumentaux et humains) qu'elle actionne pour les atteindre, enfin, le rôle des acteurs opérationnels et fonctionnels qui participent à la production des performances.

Management : mot français du XVIe siècle, dérivé de « ménager », qui signifie « disposer, régler avec soin ou adresse ». Il est aujourd'hui employé pour qualifier des objets très différents : une activité professionnelle, un ensemble de personnes, un corpus de connaissances ou de techniques. C'est avant tout une fonction exercée au sein de l'entreprise, une fonction ayant pour finalité de transformer du travail en performances.

Management par les objectifs : philosophie du management fondée sur deux principales convictions. D'une part, tout manager, du directeur général à l'agent de maîtrise, doit avoir des objectifs clairement définis qui doivent découler des buts de l'entreprise. D'autre part, si chaque manager doit être tenu pour responsable des résultats de son activité, c'est à lui seul de suivre ce qu'il fait pour obtenir ses résultats. Le management par les objectifs est tellement entré dans les mœurs qu'il est devenu le management.

Management par les compétences : une alternative du management par les objectifs, notamment dans des situations de très forte incertitude où les résultats à atteindre ne peuvent pas être formalisés. Il s'agit de construire des équipes permettant de maximiser le potentiel de combinatoire des compétences individuelles, c'est-à-dire de se mettre en quête de combinaisons inédites en se focalisant plus sur le potentiel d'utilisation future de chaque compétence individuelle que sur l'ampleur de leur utilisation actuelle.

Management par les valeurs : une alternative au management par les objectifs, notamment dans les univers où les cultures de métier sont fortes. Il s'agit de décliner des valeurs en normes de comportement et d'utiliser ces dernières pour évaluer les performances, d'abord définies de manière comportementale.

Management situationnel : approche du management considérant qu'il n'y a pas de « one best way », qu'il n'y a pas de bon ou de mauvais style de management dans l'absolu. Chaque style de management est plus ou moins adapté à une situation particulière. Le manager doit ainsi être capable de changer de style pour s'adapter à la diversité des situations auxquelles il doit faire face.

Manager : toute personne qui, d'une part, fait son travail en faisant travailler les autres et, d'autre part, est responsable d'une performance obtenue en grande partie par d'autres personnes qu'elle. Contrairement à l'expert dont la performance ne dépend que de lui, le manager consacre l'essentiel de son temps à obtenir des résultats par l'intermédiaire d'autres personnes.

Managérialité : processus psychologique par lequel une personne devient manager. On peut faire du management, mais ne

© Éditions d'Organisation

pas être manager. La première année de management est une période d'introspection et de développement personnel. Trois caractéristiques des situations de management mobilisent de nouvelles capacités psychologiques que le manager doit acquérir : le faire faire, la responsabilité et l'exercice de l'autorité.

Motivation : terme rattaché étymologiquement à motif, c'est-à-dire à ce qui pousse à faire quelque chose. La satisfaction de besoins de sécurité, d'estime, de réalisation de soi, ... est au cœur de la motivation. Tout le monde est *a priori* motivé, mais tout le monde n'est pas motivé par la même chose.

Objectif : un but rendu opérationnel. L'objectif convertit le but en cible à atteindre. Il représente un écart entre un état présent constaté et un état futur souhaité ; un écart entre deux situations, l'une étant préférable à l'autre. L'objectif est au cœur du management car il permet de mesurer les performances.

Performance : notion qui comporte une double dimension : l'efficacité et l'efficiente. La première concerne les résultats obtenus, la seconde les ressources consommées. Un manager est performant, ou l'unité dont il a la responsabilité est performante, quand il est efficace et efficient, c'est-à-dire quand il obtient des résultats conformes aux objectifs fixés sans dépasser les ressources allouées à cet effet.

Pouvoir : capacité d'une personne à obtenir d'une autre personne qu'elle fasse quelque chose qu'elle n'aurait pas fait spontanément. Le pouvoir est l'un des aspects d'une relation entre deux personnes. Il ne faut pas le confondre avec l'autorité. L'autorité donne accès à de légitimes ressources de pouvoir, comme la sanction ou la récompense. Mais toutes les sources de pouvoir ne sont pas légitimes.

Rôles de management : doivent être obtenus pour transformer du travail en performances au niveau d'une unité particulière. Il y a cinq rôles de management différents : la valorisation des ressources humaines, le pilotage d'une unité, le développement des personnes, l'animation d'une équipe et la coordination avec l'extérieur. Le rôle de chaque manager est une combinaison particulière de tout ou partie des cinq rôles de management.

Styles de management : renvoient à une vision du « monde management », à un système de valeurs, de croyances et de comportements. C'est un « paradigme », c'est-à-dire un ensemble cohérent d'idées et de représentations concernant le management. Il y a trois styles de management différents : directif, convivial et contractuel.